어린이 과학 형사대
CSI ㉓

CSI, 여름 방학에 생긴 일

어린이 과학 형사대 CSI ㉓

초판 1쇄 발행 | 2013년 9월 16일
초판 14쇄 발행 | 2022년 11월 17일

지은이 | 고희정
그린이 | 서용남
감　수 | 곽영직(수원대학교 물리학과 교수)

펴 낸 곳 | (주)가나문화콘텐츠
펴 낸 이 | 김남전
편 집 장 | 유다형
편　　집 | 김아영
디 자 인 | 양란희
마 케 팅 | 정상원 한웅 정용민 김건우
경영관리 | 임종열 김다운

출판 등록 | 2002년 2월 15일 제10-2308호
주　　소 | 경기도 고양시 덕양구 호원길 3-2
전　　화 | 02-717-5494(편집부) 02-332-7755(관리부)
팩　　스 | 02-324-9944
홈페이지 | ganapub.com
이 메 일 | ganapub@naver.com

ⓒ 고희정·서용남, 2013

ISBN 978-89-5736-577-9　(74400)
　　　978-89-5736-440-6　(세트)

* 책값은 뒤표지에 표시되어 있습니다.
* 이 책의 내용을 재사용하려면 반드시 저작권자와 (주)가나문화콘텐츠 양측의 동의를 얻어야 합니다.
* 잘못된 책은 구입하신 서점에서 바꾸어 드립니다.
* '가나출판사'는 (주)가나문화콘텐츠의 출판 브랜드입니다.

이 도서의 국립중앙도서관 출판시도서목록(CIP)은 서지정보유통지원시스템 홈페이지(http://seoji.nl.go.kr)와
국가자료공동목록시스템(http://www.nl.go.kr/kolisnet)에서 이용하실 수 있습니다.(CIP제어번호: CIP2013015925)

- 제조자명 : (주)가나문화콘텐츠
- 주소 및 전화번호 : 경기도 고양시 덕양구 호원길 3-2 / 02-717-5494
- 제조연월 : 2022년 11월 17일
- 제조국명 : 대한민국
- 사용연령 : 4세 이상 어린이 제품

어린이 과학 형사대
CSI ㉓

CSI, 여름 방학에 생긴 일

글 고희정 | 그림 서용남
감수 곽영직(수원대학교 물리학과 교수)

가나출판사

주인공 소개

- **은하수 (지구과학 형사)**
부끄러움도 잘 타고 무서운 것도 많고 눈물도 잘 흘리는 아이. 하지만 자기가 원하는 것만은 똑똑히 얘기한다.

- **강태산 (물리 형사)**
한국인 아빠와 일본인 엄마 사이에서 태어난 아이. 잘생긴 얼굴과 기타 실력 덕분에 인기가 많지만 늘 삐딱하게 행동한다.

- **한마리 (생물 형사)**
엄마의 뺑소니 교통사고 장면을 목격한 아이. 아픈 과거에도 긍정적이고 밝은 성격으로 자라 뺑소니범을 잡겠다고 다짐한다.

- **고차원 (화학 형사)**
아는 게 많은 만큼 잘난 척도 무진장 심한 아이. 스스로 잘났다고 생각해 얄밉기도 하지만 알고 보면 어리바리하다.

CSI

CSI 1기 형사들

 한영재  이요리  반달곰  나혜성

CSI 2기 형사들

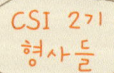 황수리  양철민  신태양  강별

형사 학교 학생들

 최운동  장원소  소남우  송화산

CSI 어린이 형사 학교 선생님들

 공차심 교장  어수선 교감  신기한 형사

- 사라진 태산이를 찾아라! 6

 사건 1 잘못된 효심 12
   핵심 과학 원리 – 북반구와 남반구
   하수가 들려주는 사건 해결의 열쇠 50

 사건 2 이상한 화재 사건 54
   핵심 과학 원리 – 화재와 백드래프트
   차원이가 들려주는 사건 해결의 열쇠 88

 사건 3 무서운 편견 92
   핵심 과학 원리 – 미토콘드리아와 DNA
   마리가 들려주는 사건 해결의 열쇠 128

 사건 4 파란만장 서바이벌 132
   핵심 과학 원리 – 적외선
   태산이가 들려주는 사건 해결의 열쇠 168

- 고민에 빠지다 172

- 특별 활동 : CSI, 함께 놀며 훈련하다! 178

- 찾아보기 188

사라진 태산이를 찾아라!

오늘 한국을 떠난다고?

이제 와서 그러면 어떡해?

가지 마! 안 돼!

울먹 울먹

으앙~

아이는 내가 데려갈게.

난 상현이 없이는 못 살아요.

고장 쌤, 뭐 하세요?

응애 응애~

깜짝

훌쩍, 훌쩍.

엄마랑 아이를 떼 놓다니, 안 돼!

패앵~

엉엉

상현아!

?!

핵심 과학 원리 | 북반구와 남반구

잘못된 효심

그러고 보니 태산이가 달라졌다.
갑자기 태도가 적극적으로 바뀐 것이다. 무인도에 갔다 와서
아이들과 좀 편해진 걸까? 아니면 자기 때문에 벌받는 게
미안해서 그런 걸까?

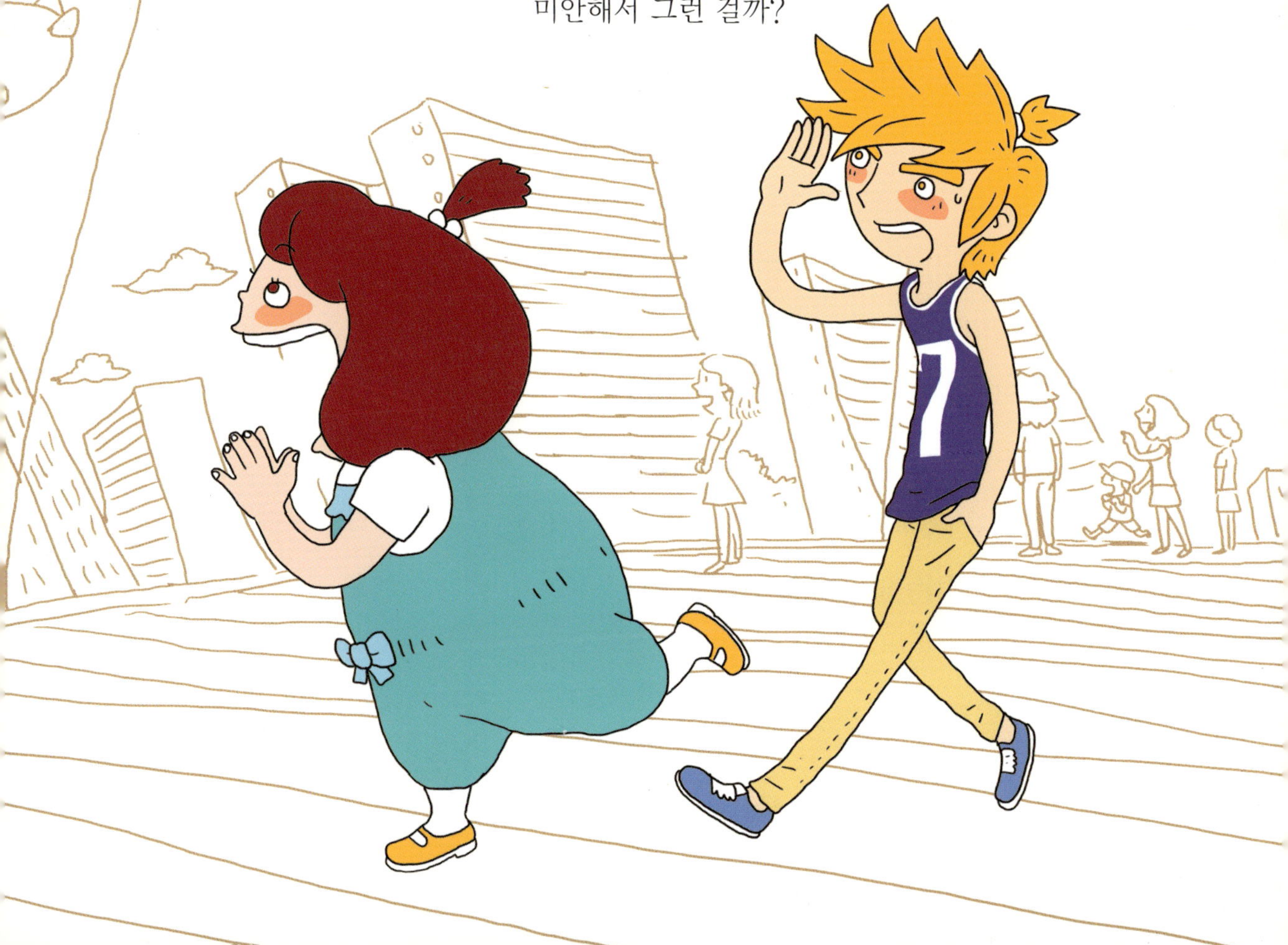

 태산아, 어디 있니?

아이들은 곧바로 태산이가 노래를 불렀던 대학가 놀이터로 갔다. 근처에 도착하자 기타 소리가 들렸다.

"태산이다!"

반가운 마음에 아이들은 한달음에 뛰어갔다. 그런데 아니었다. 대학생으로 보이는 모르는 남자였다.

"도대체 어디로 간 거야?"

마리의 말에 하수가 잔뜩 겁먹은 표정으로 말했다.

"혹시 무슨 일이라도 난 거 아닐까? 교통사고 같은 거."

차원이가 고개를 저으며 대답했다.

"그럼 벌써 연락이 왔겠지. CSI 신분증도 있고 아니면 여권이라도 갖고 있었을 테니까."

감쪽같이 사라져 버린 태산이. 아이들은 후회됐다.

'태산이가 데면데면하게 굴어도 더 다가갈걸. 그래서 조금이라도 마음을 터놓는 사이가 됐다면 이렇게 아무 말도 없이 사라지지는 않았을 텐데…….'

아이들은 혹시나 하는 마음에 놀이터에서 하루 종일 기다렸지만 태산이를 만날 수는 없었다. 날이 점점 어두워지자 아이들은 할 수 없이 학교로 돌아왔다.

"수고했다. 가서 쉬어라."

공 교장이 말했다. 공 교장과 어 교감도 태산이의 아빠와 태산이가 살았다는 동네에도 가 보고, 주변에 아는 사람들도 동원해 수소문해 보았지만 아무런 성과가 없었다.

집으로 돌아가는 길, 아이들은 발걸음이 무거웠다. 그런데 막 교문을 나설 때였다.

"맞다! 책!"

마리는 잊었던 것이 생각났다.

"나 기숙사에 잠깐 들렀다 갈게. 놔두고 온 책이 있어서. 먼저 가."

　마리가 가장 좋아하는 시집인데, 집에 갈 때 깜박 잊고 두고 갔었다. 그렇지 않아도 학교에 한번 들러 가져가야겠다고 생각했는데 마침 잘됐다 싶었다.
　마리는 아이들과 헤어져 다시 학교로 돌아왔다. 아무도 없는 기숙사는 불이 다 꺼져 깜깜했다. 현관에서 지문 인식기에 손가락을 대고 들어가자 1층 복도에 자동 센서 등이 켜졌다. 아이들의 방은 2층. 마리는 2층으로 올라갔다. 그런데 막 계단참에 올라섰을 때였다. 2층 복도에 불이 켜져 있는 게 아닌가! 마리는 섬뜩했다.
　기숙사 복도의 전등은 사람이 지나가면 자동으로 켜졌다가 몇 초 후

에 자동으로 꺼지는 센서 등이다. 그러니 2층 복도에 불이 켜졌다는 건 누군가 있다는 뜻이었다. 잠시 뒤, 불빛이 꺼졌다.

'누구지? 이 시간에? 혹시…… 귀신?'

겁 없는 마리도 으스스 무서웠다. 그냥 집에 갈까 생각했지만 왠지 궁금했다. 마리는 경계 태세를 갖추고 천천히 계단을 올라갔다. 2층 복도에 올라서자 다시 자동으로 불이 켜졌다.

'아무도 없네. 내가 잘못 봤나?'

마리는 일단 자기 방으로 가서 시집을 찾아 나왔다. 복도에는 아무런 인기척이 없었다. 그런데 그때, 번쩍 생각나는 게 있었다.

'혹시 태산이가 여기에?'

태산이가 갈 만한 곳은 다 찾아봤다. 하늘로 솟은 것도, 땅으로 들어간 것도 아니라면 혹시 기숙사에 있는 건 아닐까? 마리는 자기 추측이 맞는지 확인해 보기로 했다.

마리는 집으로 돌아가는 척하고, 현관문을 열고 밖으로 나왔다. 기숙사 앞쪽에는 마리와 하수의 방이 있기 때문에 복도나 태산이 방을 보려면 뒤쪽으로 가야 했다. 마리는 기숙사 뒤뜰로 돌아가 한참을 지켜봤다. 하지만 태산이 방이나 복도는 내내 캄캄하기만 했다.

'아닌가?'

마리가 실망해 돌아서려는 바로 그때, 번쩍! 복도에 불이 들어왔다.

'강태산?!'

삐쭉하니 큰 키에 실루엣만 봐도 태산이가 확실했다. 마리는 미소를 지었다. 그래도 다른 곳에 안 가고 기숙사에 있으니 다행이라는 생각이 들었다.

마리는 곧바로 공 교장에게 전화했다.

"다행이구나. 수고했다."

마리의 연락에 공 교장도 한시름을 놓았다. 왜 그 생각을 못 했을까? 공 교장은 어 교감과 태산이 부모에게도 소식을 전했다. 하지만 오늘 밤은 그대로 두기로 했다. 다른 데로 도망가면 안 되니까.

다음 날 아침 7시. 공 교장과 어 교감은 기숙사를 급습했다. 아침잠이 많은 태산이는 꿈나라를 헤맬 시간. 아직도 자고 있을 게 분명했다. 살금살금 올라가 방문을 열어젖히자, 아니나 다를까 태산이가 대자로 누워 자고 있었다. 어 교감이 신 나서 소리쳤다.

"강태산! 일어나라!"

예상치 못한 습격에 태산이는 소스라치게 놀라 일어났다. 삐죽 솟은 머리에 겁먹은 표정의 강태산. 처음 보는 태산이의 모습에 공 교장은 웃음이 터지려고 했지만 꾹 참고 말했다.

"옷 갈아입고 교장실로 와."

공 교장이 나가자, 어 교감이 놀렸다.

"너 인제 큰일 났다. 헤헤헤. 그렇다고 도망갈 생각은 마라. 부모님까지 오셨으니까."

"휴우……."

태산이는 한숨이 절로 나왔다. 방학에도 일본에 돌아가고 싶지 않았던 태산이는 꾀를 냈다. 방학이 시작되고 2주간은 수위 아저씨가 한 분씩 교대로 학교를 지키는 것 말고는 모든 직원이 다 휴가였다. 그러니까 2주 동안은 기숙사에서 잘 지낼 수 있을 거라 생각했다. 부모님께도 정확한 방학 날짜를 말씀드리지 않았으니 아직 학기 중인 줄 아실 터. 방학식 날, 빈 가방을 갖고 나와 하루 종일 돌아다니다 밤늦게 뒷담을 넘어 학교에 들어갔다. 그런데 어젯밤 마리가 왔다 간 게 찜찜하더니, 일주일 만에 들키고 만 것이다.

교장실에 들어가자 부모님이 와 계셨다. 태산이를 보자 엄마는 눈물을 흘렸다.

"태산아, 엄마 놀랐잖아! 흑흑흑."

"뭐 하러 여기까지 오셨어요? 어련히 알아서 갈 텐데."

태산이는 창피하고 미안한 마음에 퉁명스럽게 대답했다. 그러다 곧 뜨끔해져서 아빠의 얼굴을 봤다. 이쯤 되면 아빠가 버럭 화를 낼 타이밍이었다. 그런데 아빠의 반응은 예상 밖이었다.

"여기가 더 편하면 여기 있어라."

"그래, 태산아. 하지만 엄마 보고 싶으면 언제든 와야 해."

태산이는 어리둥절했다. 왜 갑자기 아빠와 엄마의 태도가 달라졌을까? 태산이는 공 교장과 어 교감을 번갈아 봤지만 둘 다 모르는 척 눈길을 피했다. 어른들 사이에 뭔가 말이 오간 게 분명했다.

부모님을 배웅하고 방에 돌아와 누우니, 부모님의 얼굴이 떠올랐다. 아빠는 원래 형사였다. 젊은 시절, 1년 동안 일본에 파견 근무를 가게 됐고 그때 일본인인 엄마를 만났단다. 결혼하고 처음엔 한국에서 살았다. 그런데 엄마가 아는 사람도 없이, 범인 잡느라 집에 못 들어올 때가 많은 아빠만 기다리며 혼자 태산이를 키우다 마음의 병을 얻었다.

결국 아빠는 형사를 그만뒀고 가족 모두 일본으로 가기로 했다. 태산이가 여섯 살 때였다. 그 후 엄마는 건강이 많이 나아지긴 했지만 여전히 잔병치레가 많았다. 아픈 엄마를 힘들게 하고 싶지 않았던 태산이는 일본 학교에서 자신이 왕따라는 사실을 숨겼다. 그러나 어린 마음에 자꾸 상처를 받다 보니 점점 삐딱해졌고, 그 사실을 몰랐던 아빠는 기타나 치고 다니는 태산이를 한심하게 여겼다.

태산이는 마음이 무거웠다. 일본에 있을 땐 한국에 가면 금방 달라질 줄 알았다. 그러나 학교에 적응하기도, 아이들하고 잘 지내기도 쉽지 않았다. 처음엔 잘못된 선택이 아닐까 고민했지만 다행히 조금씩 익숙해지고 마음이 편해지고 있었다. 그래서 다시 일본으로 돌아가고 싶지 않았다. 그런 태산이의 마음을 부모님도 조금은 이해하신 걸까?

 벌을 받다

태산이가 한참 생각에 빠져 있는데, 노크 소리가 들렸다. 마리였다.

"교장 쌤이 부르셔."

교장실에 가니, 다른 아이들도 와 있었다. 태산이는 친구들에게 미안하고 창피해 고개를 들지 못했다.

아이들은 감쪽같이 사라진 줄 알았던 태산이가 실은 기숙사에 숨어 있었다는 얘기를 듣고, 처음에는 억울한 마음이 들었다. 하루 종일 애태우며 찾으러 다녔으니 말이다. 하지만 한편으론 다른 데 가지 않고 안전하게 지낸 것만으로도 다행이라는 생각이 들었다.

공 교장이 엄한 표정으로 말했다.

"이제부터 벌을 내리겠다. 태산이는 우리 모두를 속이고 걱정시킨 벌, 너희는 친구한테 무관심했던 벌이다."

도대체 무슨 벌을 내릴까 걱정하고 있는데, 어 교감이 갑자기 브리핑을 시작했다.

플렉서블 디스플레이의 세계

플렉서블 디스플레이란 종이처럼 얇고 유연한 기판을 통해 구부리거나 말 수 있는 디스플레이를 말해. 종이보다 가볍고 화질도 아주 좋지. 최근 국내의 한 전자 회사가 미국에서 열린 가전쇼에서 플렉서블 디스플레이를 탑재한 스마트폰을 내놓아 전 세계의 관심을 받기도 했어. 플렉서블 디스플레이가 상용화되면 건물 유리나 자동차 창문을 통해 영상을 볼 수 있고, 얇고 가벼워진 모니터를 접어서 가방에 넣어 다니다가 원하는 곳에서 꺼내 쓰는 날이 올 거야.

"너희, 베스트디스플레이 알지?"

베스트디스플레이라면 TV, 컴퓨터, 휴대전화의 디스플레이 장치인 모니터, 액정 화면 등을 만드는 회사로, 같은 업계에선 세계 3위인 대기업이었다.

"이번에 베스트디스플레이에서 세계 최초로 플렉서블 디스플레이를 개발했는데 그 기술이 인도로 유출됐다는 정보가 있어. 이 사건을 너희가 맡는다."

그러니까 별로 대기업의 기술 유출 사건을 해결하라는 말?

차원이는 플렉서블 디스플레이에 대한 기사를 과학 잡지에서 읽은 기억이 났다. 화면이 종이처럼 둘둘 말리거나 휘어지는 정말 놀라운 기술이었다. 실용화되면 엄청난 경제 효과를 가져올 거라던데, 그 기술이 유출됐다면 상당히 심각한 상황이었다.

어 교감이 말했다.

"기술을 빼 간 회사에서 하루라도 먼저 신제품을 발표하면, 베스트디스플레이는 시장을 모두 내주게 되고 그러면 국가적으로도 큰 손실이지. 그러니까 기술이 유출되기 전에 막아야 한다."

마리가 의아한 표정으로 물었다.

"벌써 인도로 유출됐다면서요?"

"아직 확실하진 않아. 소문이 돌기 시작했다는 거지."

게다가 언론에 알려지면 기술 유출을 막더라도 회사 이미지에 큰 타격을 주므로 극비리에 처리해야 한다고 했다. 베스트디스플레이의 회장이 공 교장과 친분이 있어서 CSI에게 특별히 수사를 부탁했다는 것이다. 어 교감이 으름장을 놓았다.

"만약 막지 못하면 나머지 여름 방학은 없는 걸로."

엥? 방학이라고는 겨우 일주일 쉬었는데, 그럴 수는 없다!

아이들은 어 교감과 함께 베스트디스플레이 본사로 향했다. 경영 담당 이사 장영만이 사건에 대해 설명했다.

"3일 전 오후 2시쯤 회사 전산망이 한 시간 정도 마비되는 사태가 있었습니다. 아무래도 그때 전산 시스템에 들어 있던 기밀 파일이 유출된 것 같아요."

실은 기밀 파일이 유출된 사실도 전혀 몰랐는데 바로 어젯밤 홍콩 지사의 지사장이 긴급 보고를 해 알았다고 했다. 장 이사는 난처한 표정으로 말했다.

"인도의 글로벌 기업 중 하나인 뉴델리 전자라는 회사에서 플렉서블 디스플레이 기술을 개발했고 이에 대해 곧 발표할 거라는 소문이 돈다는 거예요. 그래서 지사장이 알아봤더니 우리 베스트디스플레이에서 극비리에 개발하던 바로 그 기술이더라는 겁니다."

인도의 뉴델리 전자는 세계 21위 정도의 디스플레이 회사로, 그 정도의 기술력으로 베스트디스플레이와 똑같은 기술을 개발하기는 사실상 불가능하다는 것. 충분히 의심할 만한 상황이었다. 차원이가 물었다.

"결국 전산망이 해킹을 당했다는 건데, 전산망을 공격하는 데 쓰인 IP 주소는 알아보셨나요?"

해킹이란?

1950년대 말 미국 매사추세츠공과대학(MIT) 동아리 모임에서 처음 사용되었던 '해크(hack)'에서 유래된 말로, 당시의 의미는 '작업 과정 그 자체에서 느껴지는 순수한 즐거움'이란 뜻이었대. 그 후 뜻이 변질되어 현재는 '다른 사람의 컴퓨터 시스템에 무단으로 침입하여 데이터와 프로그램을 없애거나 망치는 행위'라는 의미로 쓰이고 있지. 최근 우리나라에서도 해킹 때문에 은행이나 방송국, 공공 기관의 전산망이 피해를 입는 일이 자주 발생하고 있어 대비책을 마련해야 해.

IP 주소란 인터넷 주소를 말하는 것으로, 국제인터넷규약에 따라 국가별로 쓸 수 있는 IP 주소가 정해져 있다. 또 인터넷 등 네트워크에 연결된 모든 컴퓨터는 각기 다른 IP 주소를 가지고 있다. 따라서 IP를 추적하면 어느 나라에서 누가 해킹했는지도 찾아낼 수 있다.

"우리 회사의 전산망을 관리하는 회사가 있거든. 다이넷이라고. 거기 직원들이 추적한 결과, 중국 IP로 밝혀졌어."

중국 IP라니, 아이들은 난감했다. 중국 IP를 찾으려면 중국 정부에 공식적으로 조사를 요청해야 하고, 수락되더라도 대부분 도용당한 IP여서 추적하기 어려운 경우가 많기 때문이다.

학교로 돌아오자 어 교감이 수사 자료를 주며 말했다.

"최근 활동이 두드러진 산업 스파이들이야. 장 첸과 수리 킴. 자, 내가 도와주는 건 딱 여기까지다!"

그러더니 쌩하니 나가 버렸다. 벌받는 거니까 알아서 해결하라는 건가? 아이들은 용의자들을 어디서 어떻게 찾아야 할지 막막했다. 먼저 차원이가 의견을 말했다.

"공항 출입 사항부터 알아보자."

아이들은 곧바로 공항 관리국에 전화를 걸었다. 장 첸은 중국 사람으로, 가장 최근에 입국한 기록은 지난해 3월이었다. 그리고 수리 킴은 미국에 입양된 한국계 미국인으로, 몇 차례 굵직한 사건에 관련되었다는 의심을 받았지만 아직은 확실한 증거가 없는 상황. 그런데 바로 그녀가 지난달에 우리나라에 입국했다가 3일 전 오후 1시 30분 비행기로 일본으로 출국한 기록이 있었다.

"3일 전이라면, 베스트디스플레이가 해킹당한 날이잖아!"

마리가 놀라며 말하자, 하수가 고개를 갸웃했다.

"전산망이 마비된 시간이 오후 2시쯤이라고 했으니까, 그럼 수리 킴은 아니겠네."

그러나 태산이의 생각은 달랐다.

"직접 하지는 않았을 거야. 대기업의 전산망을 해킹하고 기밀을 빼낼 정도로 컴퓨터 실력이 뛰어난 사람은 흔치 않거든."

"그럼 공범이 있다는 거네?"

태산이의 말에 마리도 동의했다.

"맞아. 이 일과 수리 킴이 관련이 있다면 알리바이를 위해 일부러 그 전에 출국했을 가능성이 높아."

태산이가 의견을 냈다.

"일단 일본 입국 기록부터 알아보자. 내가 철민이 형한테 부탁할게."

그러고 보니 태산이가 달라졌다. 갑자기 태도가 적극적으로 바뀐 것이다. 무인도에 갔다 와서 아이들과 좀 편해진 걸까? 아니면 자기 때문에 벌받는 게 미안해서 그런 걸까? 여하튼 만날 시큰둥해 딴짓만 하던 태산이가 달라졌으니, 다행이긴 하다.

태산이가 일본에 있는 철민이에게 전화해 부탁하자, 철민이가 흔쾌히 수락했다.

"나의 뛰어난 수사력이 필요하단 말이지? 오케이! 금방 알아보고 전화할게."

언제나 쾌활하고 어수선한 양철민. 말 그대로 눈 깜짝할 사이에 알아보고 전화했다.

"3일 전 3시 20분. 오사카 간사이 공항에 입국한 기록이 있어."

"그럼 출국 기록은요?"

"없어."

그렇다면 아직 일본에 있다는 말? 전화를 끊자, 하수가 의문을 제기했다.

"수리 킴이 인도로 가지 않고 아직 일본에 있다면 어떻게 인도 회사가 기술을 보유하고 있다는 소문이 났지?"

"기술만 전달했을 수도 있지. 아니면 벌써 인도에 갔을지도 몰라. 방법은 많잖아. 다른 이름으로 여권을 위조했을 수도 있고."

차원이의 말에 태산이가 반대 의견을 말했다.

"아니야. 그랬다면 벌써 기술을 발표했을 거야."

마리가 벌떡 일어나며 말했다.

"베스트디스플레이의 전산망을 관리한다는 다이넷에 가 보자. 뭔가 나올지도 모르잖아."

아이들이 다이넷으로 가서 담당자를 찾자, 박인수 과장이 나왔다.

"요즘 메인 컴퓨터에 접속해 전산망을 다운시키는 신종 바이러스가 기승인데 이번에 원인이 된 바이러스도 같은 거였어. 그래서 백신 프로그램으로 바이러스를 잡고 전산망을 복구시켜 줬지."

"해킹에 사용된 IP 주소가 중국이라고 하셨죠?"

마리의 질문에 박 과장은 깜짝 놀라며 되물었다.

"중국 IP? 누가 그래?"

"아까 베스트디스플레이의 장영만 이사님이 그러셨는데요."

박 과장은 어리둥절한 표정으로 말했다.

"그럴 리가 없어. 처음엔 중국 IP인 줄 알았는데, 조사한 결과 베스트디스플레이 인트라넷에서 부여한 가상 IP였어. 양성훈 경영팀장한테 분명히 그렇게 보고했는데."

인트라넷이라면 인터넷 기술과 통신 규약을 이용하여 조직 내부의 업무를 통합하는 정보 시스템을 말한다. 내부에서 부여한 가상 IP로 침입했다면? 차원이가 속삭였다.

"베스트디스플레이 내부에 범인이 있다는 얘기잖아? 이사가 거짓말을 했든지, 아니면 경영팀장이 거짓 보고를 했든지 둘 중 하나가 아닐까?"

"왜 중국 IP라고 속였을까?"

하수의 물음에 태산이가 대답했다.

"시간을 벌자는 심산이겠지."

그렇다. 거짓 증거를 흘려 수사에 혼선을 줘서 빼돌린 자료가 인도 회사로 넘어가기까지 시간을 벌려는 게 분명하다.

"일단 양성훈 팀장을 만나 보는 건 어떨까?"

마리의 의견에 차원이가 반대했다.

"만약 범인이 내부에 있다면 더 조심해야 돼. 수사망이 좁혀지면 도망칠 수도 있어. 확실한 증거를 잡기 전까지는 조용히 알아보는 게 좋겠어."

장 이사와 양 팀장 중 수리 킴과 관련이 있는 인물을 알아내는 게 우선이라는 뜻이었다.

도망간 용의자들

다이넷을 나온 아이들은 다급한 마음에 택시를 잡아탔다. 그런데 택시가 베스트디스플레이를 향해 막 출발한 순간, 태산이는 퍼뜩 생각나는 게 있었다.

'양 팀장이나 장 이사는 경영 관리를 하는 사람들이야. 그런데 그들에게 해킹을 하고, 기밀을 빼돌릴 정도의 컴퓨터 실력이 있을까? 분명 누군가 또 다른 공범이 있는 게 분명해.'

"잠깐만요!"

태산이는 택시를 소리쳐 세우더니 말했다.

"공범이 또 있을지도 몰라. 컴퓨터 실력이 뛰어나고 사내 가상 IP를 썼다면 내부 사람이거나 아니면……."

"아니면?"

아이들이 동시에 물었다.

"혹시 다이넷 사람이 아닐까?"

 태산이의 추측에 마리도 동의했다.
 "베스트디스플레이의 전산망을 관리하니까 접근하기 쉬웠을 거야."
 아이들은 다시 다이넷으로 돌아가 박 과장을 만났다. 다시 돌아온 아이들을 보자 박 과장은 깜짝 놀라는 표정이었다. 태산이가 단도직입적으로 물었다.
 "아까는 미처 생각 못 했는데, 박 과장님이 이 사건에 관련 있으신 건 아닌가요?"

"말도 안 돼. 그랬다면 내가 왜 여기 있겠어. 벌써 도망갔지."

박 과장은 펄쩍 뛰며 부인했다. 그러고는 잠시 망설이더니 새로운 얘기를 털어놓기 시작했다.

"실은 좀 수상한 일이 있긴 있었어. 기찬영이라고 신입 사원이 한 명 있는데, 3일 전 베스트디스플레이 전산망이 해킹당했을 때 나랑 같이 들어갔던 사람이야. 그런데 그 친구가 잠적했어."

"잠적이요?"

아이들이 놀라 동시에 되물었다.

"응. 다음 날 출근을 안 해서 전화했더니 안 받더라고. 그날부터 계속 안 나와서 무슨 일인가 했는데, 오늘 아침에 이 일이 터진 거야."

"왜 아까는 이런 말씀을 안 하셨죠?"

차원이가 물었다.

"확실한 게 아니라서. 평소 행동으로 봐서는 조용하고 착실하니 그럴 사람 같지 않았거든."

그러더니 문득 생각난 듯 말했다.

"맞다! 그날 내가 양 팀장에게 보고하느라 잠깐 자리를 비운 적이 있었거든. 그때 기술 자료를 복사한 건 아닐까?"

기찬영이 일부러 베스트디스플레이 서버에 바이러스를 퍼뜨려 다운시키고, 그걸 해결하러 들어가 박 과장이 자리를 비운 사이, 내부 가상 IP로 접근해 기밀을 빼돌렸을 거라는 추측이었다.

"기찬영 씨가 신입이긴 하지만 컴퓨터 실력이 상당하거든. 최고대학 컴퓨터 공학과 4학년에 다니다 휴학하고 입사했는데, 3학년 때 대학생 해킹 대회에서 1등을 한 경력도 있어."

그렇다면 이번 사건은 기찬영, 사내 인물 그리고 수리 킴, 이 세 사람의 합작품일 가능성이 크다. 태산이와 하수는 사내 관련자가 누구인지 조사하고 차원이와 마리는 기찬영에 대해 자세히 알아보기로 했다.

차원이와 마리는 인사 기록에 적혀 있는 기찬영의 집 전화번호로 전화를 걸었다. 하지만 아무도 받지 않았다. 주소지로 찾아가 봤지만 역시 아무도 없었다. 그런데 집 앞에서 서성이는 아이들을 보고 지나가던 아주머니가 말했다.

"찬영이 엄마, 위암 말기라 병원에 있는데."

마리가 물었다.

"혹시 기찬영 씨는 못 보셨어요?"

"봤지. 한 3, 4일 됐나? 밤 9시쯤이었는데, 큰 가방을 하나 가지고 나가더라고. 그래서 병원에 짐 챙겨 가나 했지."

차원이와 마리는 곧바로 기찬영의 엄마가 입원해 있다는 병원으로 찾아갔다. 그런데 기찬영의 엄마는 수술을 받는 중이었다. 아이들은 수술실 앞에서 기찬영의 이모를 만났다. 차원이가 신분을 밝히고, 기찬영을 용의자로 보고 수사 중이라고 말하자 이모는 펄쩍 뛰었다.

"무슨 소리야! 우리 찬영이가 얼마나 착한 아인데. 그런 나쁜 짓을 할 리가 없어."

그러나 이모는 뭔가 짚이는 데가 있는지 점점 표정이 어두워졌다. 마리가 물었다.

"이모님, 솔직히 말씀해 주세요. 수십조 원이 걸린 아주 중요한 기술이에요. 유출되는 날엔 기찬영 씨 죄도 더 커져요."

이모는 한참을 망설이다 어렵게 말했다.

"수술비가 없어서 찬영이 엄마가 수술을 못 받고 있었거든. 그런데 찬영이가 이틀 전에 돈 1000만 원을 갖고 온 거야. 빨리 어머니 수술받게 해 드리고 병원비 밀린 것도 내라고. 자기는 호주로 출장 다녀오겠다면서……."

"출장이요? 호주로요?"

마리가 놀라 물었다.

"응. 일주일쯤 걸릴 거라고 해서 그런 줄 알았지. 그런데 그게 아니었나 봐. 어떡해."

회사에는 안 나가면서 집에는 해외 출장을 간다고 말했다? 게다가 없던 돈을 갑자기 1000만 원씩이나 마련해 온 것도 수상하다. 그때 기찬영의 이모가 울음을 터뜨렸다.

"흑흑흑. 우리 찬영이가 얼마나 똑똑하고 효자인데. 공부도 다 지가 벌어서 하고, 엄마 아프다니까 학교도 휴학하고 돈 벌겠다며 취직까지 한 애야. 흑흑흑."

그렇다고 기찬영의 행동이 용서받을 수 있는 건 아니다. 개인적으로 보면 마음 아픈 일이지만 한 회사가 애써 개발한 기술을 빼돌려 다른 회사에 파는 건 명백한 범죄다. 게다가 수십조 원의 가치가 있는 기술이니, 유출되는 날엔 한 기업의 운명이 달라질 뿐만 아니라 국가적으로도 엄청난 손해다.

그래도 마리는 마음이 아팠다. 돈만 있으면 엄마를 살릴 수 있는데, 그 돈이 없었으니 얼마나 힘들었을까. 솔직히 마리도 돌아가신 엄마를 다시 살릴 수만 있다면 무슨 일이든 할 것 같았다.

바로 그때였다. 수술실 문이 열리며 기찬영의 엄마가 이동 침대에 실려 나왔다.

"아이고, 언니! 흑흑흑."

이모가 쫓아가며 다시 울음을 터뜨렸다. 곧이어 의사가 나와 수술이 잘됐다는 말을 전하자 아이들은 안심이 되었다. 그때 차원이에게 좋은 생각이 떠올랐다.

"기찬영도 수술 경과가 궁금해 연락하지 않을까?"

충분히 그럴 법한 생각이었다. 마리가 이모에게 부탁했다.

"기찬영 씨에게서 전화가 오면 꼭 설득해 주세요. 그게 형량을 줄일 수 있는 가장 좋은 방법이에요."

이모는 천천히 고개를 끄덕였다.

하지만 이대로 손 놓고 기찬영의 연락만 기다릴 수는 없었다. 아이들은 자꾸 마음이 급해졌다. 빼돌린 기술이 당장이라도 인도 회사에 전달되어 먼저 발표될지 모르니 매 순간 살얼음판 위를 걷는 기분이었다.

호주로 간다고 했으니, 기찬영은 호주든 어디든 외국으로 도망갔을 확률이 높다. 아이들은 공항과 항만 관리국에 기찬영의 출국 기록을 문의했다. 그런데 호주는커녕 어느 나라로도 출국한 기록이 없었다. 그렇다면 밀항이라도 했단 말인가?

한편 사내 관련자를 밝히기로 한 태산이와 하수는 찾아볼 것도 없이 누군지 알게 되었다. 바로 경영팀장 양성훈. 그 역시 사건 다음 날부터 일주일간 휴가를 낸 것이다. 물론 그때까지 기술이 유출된 사실을 몰랐던 장 이사는 일반적인 휴가라고 생각하고 허락해 줬다고 했다.

알고 보니 양성훈은 부인과 아이 둘을 캐나다에 보낸 '기러기 아빠'였다. 곧바로 양성훈의 휴대전화를 추적했으나 꺼져 있었다. 그의 주소지로 찾아가 봤지만 이사 간 지 일주일이나 됐다는 얘기만 들었다.

"미리 도망갈 준비를 다 해 놓고 일을 벌인 거야."

태산이의 말에 하수가 난감한 표정으로 말했다.

"벌써 캐나다로 간 거 아닐까?"

하수의 예상은 적중했다. 공항에 알아본 결과, 양 팀장은 어제 아침 비행기로 일본을 경유해 캐나다로 출국한 상태였다. 그렇다면 가는 도중 일본에서 수리 킴을 만나 기밀을 넘겼을 수도 있다. 만약 그랬다면 기밀이 인도로 넘어가는 것은 정말 시간문제였다. 휴대전화 통화 기록 조회를 의뢰해 캐나다 집 전화번호를 알아낸 뒤 전화를 걸어 봤지만 역시 받지 않았다.

다시 학교에 모인 아이들은 허탈감을 감추지 못했다. 하수가 말했다.

"그럼 양성훈과 기찬영 그리고 수리 킴의 합작품이라는 얘기네?"

"또 용의자 세 명이 모두 외국으로 도망가 버렸다는 얘기고."

차원이가 덧붙였다. 외국으로 직접 쫓아갈 수도 없는 데다 이번 사건은 인터폴에 수사를 요청하기도 애매했다. 왜냐하면 다른 사건과는 달리 지문이나 혈흔, DNA 같은 증거가 없기 때문이다. 명확한 증거가 없으니 인터폴에 수사를 요청해도 거절당할 게 뻔했다.

모두 축 처져 있을 때 태산이가 나섰다.

"일단 증거를 확보해야 돼. 통장 계좌부터 추적해 보자. 기찬영도 1000만 원을 받았으니 뭔가 나올 거야."

그러자 마리가 의문을 제기했다.

"수리 킴이랑 양성훈은 출국 기록이 있는데, 기찬영은 왜 출국 기록이 없을까? 어떻게 호주에 간 거지?"

"위조 여권을 만들어서 나갔겠지."

차원이가 말했다.

해외로 도주한 용의자 셋. 작은 증거라도 잡아야 인터폴에 수사를 요청할 수 있다. 태산이와 차원이는 증거를 확보하기 위해 양성훈과 기찬영의 계좌를 추적하기로 했고, 마리와 하수는 병원으로 향했다.

기찬영의 진짜 계획

밤 10시가 가까운 시간, 마리와 하수가 병원에 도착했다. 간호사가 안내해 주며, 기찬영의 엄마는 회복해서 한 시간 전에 병실로 옮겼다고 설명해 주었다. 그런데 막 병실로 들어가려고 할 때였다.

"흑흑흑. 잘 있대?"

마리와 하수의 눈이 번쩍 부딪쳤다. 기찬영 얘기가 분명했다.

"그렇다니까. 아무 걱정 말고 빨리 나으시래. 그럼 금방 돌아온다고 했어."

기찬영이 전화로 엄마의 수술 경과를 물어본 것이었다. 마리가 노크를 하자 병실 안이 갑자기 쥐 죽은 듯 조용해졌다. 잠시 후 이모의 떨리는 목소리가 들려왔다.

"누, 누구세요?"

마리가 병실에 들어서며 물었다.

"죄송해요. 노크하려다 들었어요. 기찬영 씨한테서 전화 왔죠?"
이모는 손사래를 치며 부인했다.
"아니야. 전화는 무슨. 아무 연락도 안 왔어."
마리가 안타까운 표정으로 말했다.
"지금 이렇게 실랑이할 시간이 없어요. 그 기술, 인도로 넘어가면 진짜 큰일 나요. 빨리 기찬영 씨 찾아서 누구한테 넘겼는지 물어보고 막아야 돼요. 그게 죄를 덜 수 있는 마지막 방법이에요."
"아, 알지. 그런데 전화 안 왔다니까."
이모는 거의 울 듯한 얼굴로 말했다. 그때였다.
"맞아. 전화가 왔었어. 흑흑흑."
기찬영의 엄마였다.
"언니!"
이모가 깜짝 놀라며 막았지만 엄마는 말을 이었다.
"전화 왔었어. 그런데 호주래. 빨리 우리 찬영이 좀 찾아서 말려 줘. 다 나 때문이야. 나 살리려고 그런 거야. 흑흑흑."
이모도 마지못해 사실대로 얘기했다.
"실은 오늘 아침에 언니가 수술 들어가기 전에 전화를 했었어. 호주에 잘 있으니까 걱정하지 말라고. 그리고 아까 저녁 6시쯤에도 수술 잘 끝났냐며 전화 왔었어. 내가 어떻게 된 거냐고 물었는데, 나중에 다 말한다고만 하고 끊었어."

"그런데 기찬영 씨가 호주로 출국한 기록이 없어요."

하수의 말에 기찬영의 엄마는 깜짝 놀랐다.

"그래? 분명히 호주라고 했는데……. 내 전화, 전화기 좀 줘 봐. 아침에 호주라며 사진까지 찍어 보냈어."

엄마는 휴대전화에 저장된 사진을 보여 주었다. 저녁에 높은 건물들을 배경으로 찍은 사진인데, 위치를 알아낼 만한 표지판이나 글씨 같은 것은 없었다. 그렇다면 전화번호를 추적해 호주의 어느 지역에서 걸려 온 전화인지 알아내는 방법뿐이다. 마리와 하수는 기찬영 엄마의 휴대전화를 증거물로 확보하고 병실을 나왔다.

그런데 병원 복도를 지나며 휴대전화 사진을 유심히 보던 하수가 그 자리에 우뚝 멈춰 섰다.

"마리야, 이상해. 여기 호주가 아니야."

"호주가 아니라니?"

마리가 놀라 묻자, 하수가 설명했다.

"지구는 적도를 기준으로 위쪽을 북반구, 아래쪽을 남반구라고 하잖아."

"그래. 우리나라는 북반구에 있잖아."

"그리고 호주는 남반구에 있지. 북반구와 남반구는 반대쪽에 있기 때문에 일상생활에서 서로 반대 현상을 보이는 것들이 몇 가지 있어. 예를 들어 북반구가 봄이면 남반구는 가을이지."

"알아. 우리는 크리스마스 때 겨울이지만 남반구는 여름이잖아."

"맞아. 또 지구에서 보이는 달의 모양도 달라. 물론 북반구에서나 남반구에서 보는 달의 모양이나 달이 보이는 시간은 같아. 그런데 달은 적도 상공에 떠 있으므로 북반구에서는 남쪽을 향하고 보아야 되고, 남반구에서는 북쪽을 향하고 보아야 되지. 그래서 같은 달도 좌우가 바뀌어 보여. 음력 3~4일경 저녁, 서쪽 하늘에 낮게 뜨는 눈썹 모양 초승달이 북반구에서는 오른쪽 부분이 눈썹처럼, 남반구에서는 왼쪽 부분이 눈썹처럼 보이지."

그러자 마리가 사진을 보고 놀라며 말했다.

"그런데 이 사진의 달은 오른쪽 부분이 눈썹처럼 보이네! 오늘이 음력으론 4일이니까 분명 초승달이 뜰 때인데 말야."

하수가 단호한 어투로 말했다.

"호주가 아니라는 뜻이지."

마리가 의견을 말했다.

"그럼 아직 국내에 있는 거 아닐까?"

하수는 곧바로 어 교감에게 전화를 걸었다.

"기찬영, 국내에 있는 것 같아요. 전국에 수배령 좀 내려 주세요."

아직 국내에 있다면 잡을 수 있을지도 모른다. 그때 차원이에게서 전화가 왔다.

"계좌 추적해 봤는데, 둘 다 수상한 점은 없었어. 직접 만나서 주고받은 것 같아. 그런데 수리 킴이 한국에 있을 때 쓴 휴대전화 통화 기록에 기찬영, 양성훈의 전화번호가 있었어."

그렇다면 수리 킴이 한 달 전부터 들어와 베스트디스플레이의 기밀을 빼내기 위해 사람을 물색하던 중 양성훈 경영팀장을 끌어들였고, 또 양 팀장은 전산망을 관리하는 다이넷의 사람 중 기찬영을 끌어들여 일을 시킨 게 분명했다. 아이들은 마음이 급해졌다. 한시라도 빨리 기찬영을 잡아야 한다.

그런데 그때였다. 하수가 마리를 툭툭 치며 말했다.

"마리야, 저 사람······."

복도 끝에서 천천히 걸어오는 남자. 바로 기찬영이었다! 아무래도 마리와 하수가 형사인 줄 모르고 오는 것 같았다. 둘은 눈짓을 주고받으며 기찬영이 지나가는 순간 제압하기로 했다. 그런데 놀랍게도 기찬영이 아이들에게 먼저 말을 걸었다.

"엄마가 알면 걱정하시니까 조용히 가자."

그럼 제 발로 자수하겠다는 뜻? 아이들은 기찬영을 데리고 나와 경찰차에 태웠다. 기찬영이 말했다.

"경찰서에 가서 다 얘기할게."

조사실에 도착하자 기찬영은 주머니에서 USB를 꺼내며 말했다.

"여기에 있어요. 베스트디스플레이에서 개발한 플렉서블 디스플레이 기술."

모두 놀랐다. 갑자기 자수한 이유도, 또 훔친 자료를 아직 갖고 있는 이유도 궁금했다. 기찬영이 말을 이었다.

"아시겠지만 저희 어머니가 아프셔서 급하게 돈이 필요했어요. 그런데 일주일 전쯤 양 팀장님이 절 부르더니, 전산망을 해킹해 마비시킨 다음 플렉서블 디스플레이의 핵심 기술을 복사해 주면 1억 원을 주겠다는 거예요. 양심의 가책이 느껴졌지만 아픈 어머니부터 살려야겠다고 생각했어요. 그래서 제안을 수락했고, 일단 전산망을 해킹하면 1000만 원을 받고 나머지 돈은 뉴델리 전자에서 자료를 최종 확인한 뒤에 받기로 했습니다."

어 교감이 물었다.

"그런데 이 USB는 뭐죠? 기술을 안 넘겼다는 건가요?"

"넘겼어요. 하지만 가짜를 넘겼어요. 이것도 똑같은 가짜예요. 베스트디스플레이는 5년 전부터 플렉서블 디스플레이를 연구해 왔지만 지난해까지는 개발에 실패했죠. 전산 관리를 하다 이번에 성공한 개발 자료뿐 아니라 실패한 자료까지 남아 있는 걸 알게 됐어요. 이건 지난해 자료예요. 날짜만 제가 바꿨고요."

태산이가 물었다.

"그럼 가짜 자료를 복사한 다음 날짜를 바꿔 넘겼다는 건가요?"

"맞아. 그걸 양 팀장이 어제 일본으로 가서 수리 킴한테 전해 줬고, 수리 킴이 다른 사람을 통해 뉴델리 전자에 넘겼지. 하지만 뉴델리 전자는 금방 알아차렸을 거야. 가짜라는 사실을."

"그래서 아직까지 발표를 못 하는 거군요?"

차원이의 말에 기찬영은 고개를 끄덕였다. 마리가 물었다.

"혹시 처음부터 가짜를 넘길 생각이었어요?"

"응. 돈이 급하긴 했지만 애써 개발한 중요한 기술을 인도 회사에 넘길 수는 없었어."

기찬영의 말대로라면 처음부터 기술이 유출될 염려가 없었던 사건이었다. 그것도 모르고 애를 태운 아이들. 허탈하기도 했지만 수십조 원에 달하는 기술이 유출된 것보다는 훨씬 낫다고 생각했다. 게다가 남은 방학도 지켰으니 정말 다행이었다. 어 교감은 양성훈과 수리 킴의 행방을 찾기 위해 인터폴에 수사 협조를 요청했다.

　　모든 일을 마무리하고 시계를 보니 이미 새벽 2시가 넘어 있었다. 집에 돌아가기엔 너무 늦은 시간이라 모두 기숙사에서 자기로 했다.
　　태산이도 방으로 돌아왔다. 하루 종일 여기저기 쫓아다니느라 피곤했지만 잠이 잘 오지 않았다.
　　'나도 그렇게 할 수 있을까?'

어머니의 수술비를 마련하기 위해 학교를 휴학하고 범죄까지 저지른 기찬영. 정말 잘못된 선택이다. 하지만 어머니를 생각하는 마음만은 태산이가 가늠할 수 없을 정도로 깊었다.

태산이가 어릴 때부터 항상 아팠던 엄마. 그래서 태산이는 엄마를 힘들게 하고 싶지 않아 자신의 고민을 털어놓지 않았다. 태산이는 엄마가 불쌍하기도 하고 조금 밉기도 했다. 일본에서 살게 된 이유가 엄마 때문이라 더 그랬다. 만약 일본에 가지 않고 계속 한국에서 지냈다면 그런 아픔을 겪지 않았을 거라고 원망하기도 했었다.

그런데 아침에 태산이를 보자마자 눈물을 흘리던 엄마의 모습이 자꾸 생각났다. 엄마에게서 멀어지려고 했던 일이 후회되고 미안한 마음이 들었다. 깊은 밤, 태산이는 슬픔인지 그리움인지 모를 눈물을 흘렸다.

 하수가 들려주는 사건 해결의 열쇠

호주로 도망갔다는 용의자가 아직 국내에 있다는 사실을 알아낸 것은 바로 북반구와 남반구의 차이와 달의 모양에 대해서 잘 알았기 때문이야.

💡 북반구와 남반구

우리가 사는 지구는 적도 반지름이 약 6,378km고, 극 반지름이 약 6,357km인 타원형에 가까운 둥근 공 모양이야. 지구의 남극과 북극을 연결한 직선을 자전축이라고 하고, 이 자전축에 대하여 지구의 중심을 지나도록 직각으로 자른 평면과 지표가 만나는 선을 적도라고 하지. 그리고 적도를 기준으로 북쪽을 북반구, 남쪽을 남반구라고 해.

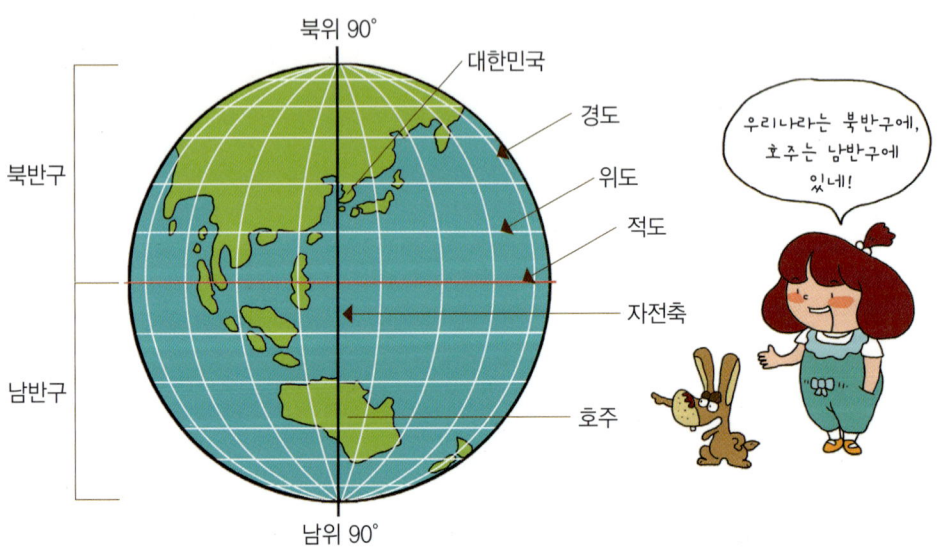

〈북반구와 남반구〉

위도와 경도를 이용하면 어디든 위치를 정확하게 나타낼 수 있어. 위도는 적도를 0°(도), 북극점을 북위 90°, 남극점을 남위 90°로 하여 적도에서 얼마나 떨어져 있는지를 나타내는 거야. 경도는 영국 런던의 그리니치 천문대에 있는 본초자오선에서 동서로 얼마나 떨어져 있는지를 나타내는 거지. 둘 다 °(도)로 나타내. 예를 들어 우리나라와 호주는 비슷한 경도에 위치해 있지만 위도가 달라. 우리나라는 북반구, 정확하게 북위 33~43°이고, 호주는 남반구, 정확하게 남위 10.41~43.39°에 위치하고 있지.

계절이 달라요

북반구와 남반구는 서로 반대쪽에 자리 잡고 있기 때문에 일상생활에서 서로 반대되는 현상들이 몇 가지 있어.

대표적인 것이 바로 계절이야. 계절의 변화는 지구의 자전축이 23.5도 기울어진 채 태양 주위를 공전하기 때문에 생겨. 위치에 따라 햇빛이 똑바

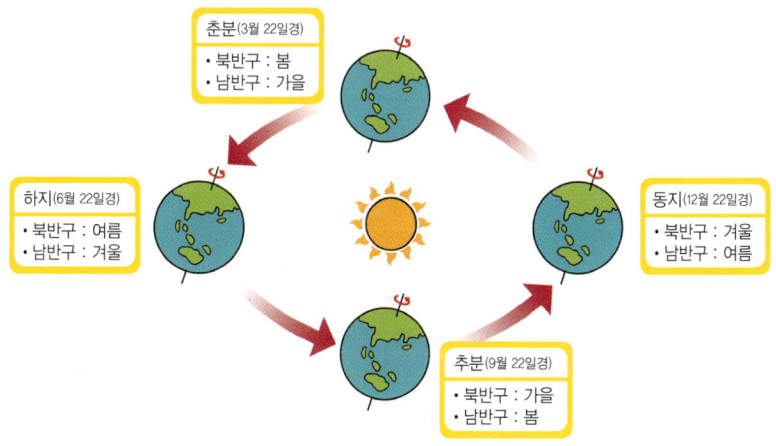

〈북반구와 남반구의 계절의 변화〉

로 비추기도 하고, 비스듬히 비추기도 하기 때문이지. 그래서 태양이 북반구를 많이 비출 때 북반구는 더운 여름이지만 남반구는 태양이 많이 비추지 않아 추운 겨울이지. 또 북반구가 봄이면 남반구는 가을이야. 이렇게 계절이 반대야. 그래서 크리스마스 때 북반구 사람들은 눈이 펄펄 내리는 화이트 크리스마스를 기대하지만 남반구에 사는 사람들은 뜨거운 태양 아래에서 아이스크림을 먹고 해수욕을 즐기면서 보내지.

💡 달의 모양이 달라요

북반구와 남반구에서 보이는 달의 모양과 별자리도 달라. 한 달 동안 달의 모양을 관찰하면 모양이 조금씩 달라지는 것을 쉽게 알 수 있는데, 이는 달이 지구 주위를 공전하면서 태양 빛을 받는 부분이 달라지기 때문이야.

북반구나 남반구나 달의 모양이나 달이 보이는 시간은 같아. 하지만 적도 상공에 떠 있는 달을 보려면 북반구에서는 남쪽을 향하고, 남반구에서는 북쪽을 향하고 보아야 되기 때문에 같은 달이라도 좌우가 바뀌어 보이지. 둥

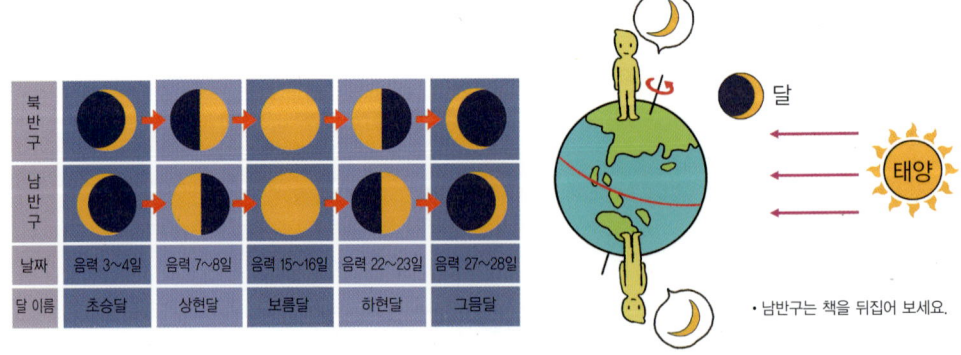

〈좌우가 바뀌어 보이는 달 모양〉

근 보름달은 달 전체가 밝게 보이므로 북반구에서 보는 달이나 남반구에서 보는 달의 모양이 같아.

별자리의 경우, 북반구에서는 북극성을 북쪽을 가리키는 지표로 삼아 왔어. 남반구에서는 십자 모양의 별자리인 남십자성이 지표가 되었지. 그래서 예전 항해사들은 북반구를 항해할 때는 북극성을, 남반구를 항해할 때는 남십자성을 보고 방향을 가늠했다고 해. 또 남반구에서만 볼 수 있는 별자리들도 많은데 남십자성이 위치한 남십자자리, 나침반자리, 공작자리, 고물자리, 공기펌프자리 등이지.

그러니까 생각해 봐. 용의자가 호주로 도망갔다고 생각했는데, 그가 보낸 사진을 보고 달의 모양이 이상하다는 것을 깨달았지. 남반구에 있는 호주는 한국과 달의 모양이 반대여야 하는데 똑같았던 거야. 결국 용의자가 아직 국내에 있다는 사실을 알아챈 것이지.

핵심 과학 원리 | 화재와 백드래프트

이상한 화재 사건

"왜 김팔복 씨를 말리지 않으셨어요?"
"말릴 틈도 없었어. 오자마자 바로 뛰어들었다니까.
그리고 '펑!' 하고 터지는 소리가 들렸어."

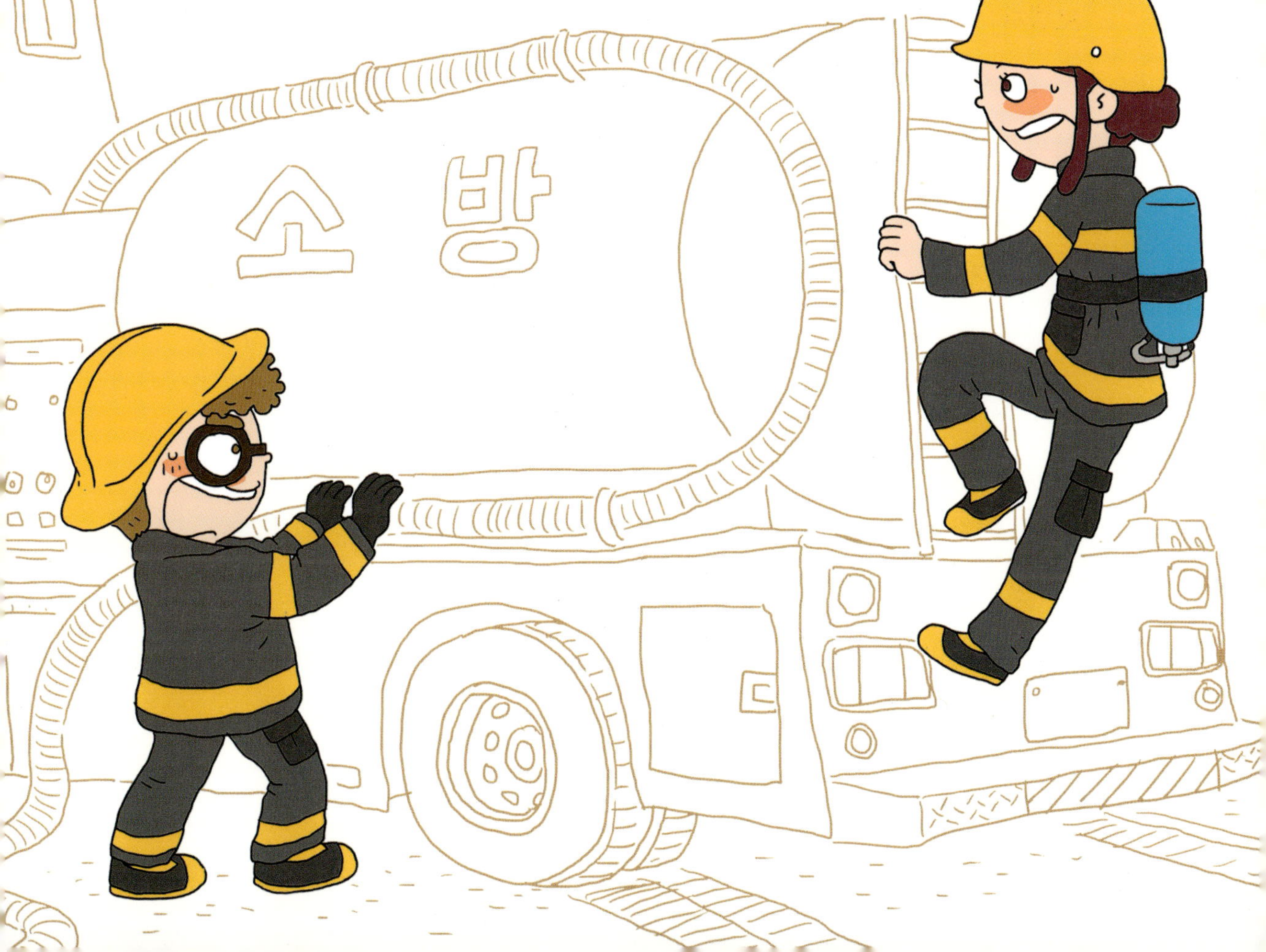

 화재 현장을 가다!

기술 유출 사건을 잘 마무리한 아이들은 각자 즐거운 방학을 만끽했다. 차원이는 미국 친척집에 놀러 가고, 마리는 아버지 문구점에 나가 일을 도와드렸다. 하수는 엄마가 짜 놓은 계획대로 열심히 피아노 레슨을 받았다. 방학이 끝날 무렵 중요한 콩쿠르에 참가할 예정이었다. 하루에 5시간 이상 연습하는 게 힘들었지만 목표가 확실하니 실력이 쑥쑥 늘었다. 누구보다 행복한 방학을 보내고 있는 아이는 바로 태산이였다. 마음껏 기타 치고 노래하고 가끔 책도 읽으며, 여유롭고 한가한 날들을 보냈다.

그렇게 2주가 지난 일요일. 전날 밤 미국에서 돌아온 차원이가 아침 일찍 아이들에게 전화를 걸었다.

"나 왔어. 보고 싶었지? 우리 학교에서 만나자."

모두 자기를 보고 싶어 했을 거라고 생각하는 이 자신감은 도대체 어디에서 나오는 건지. 물론 가끔 생각나긴 했다. 그러나 그냥 '잘 지내고 있겠지', '미국도 가고 부럽다' 정도였는데, 착각은 자유라고 했던가.

아이들이 학교에 모이자 차원이는 다짜고짜 선물 보따리부터 풀어 놓았다. 여기저기 구경하며 산 각종 기념품들이 한 아름이었다.

"갖고 싶은 거 다 가져."

허 참, 누가 부잣집 도련님 아니랄까 봐. 그러나 그 모습이 밉지 않았다. 차원이는 언제나 자기 입장에서 생각하는 단점이 있긴 하지만 그만큼 가식이 없고 솔직하다는 걸 다른 아이들도 알았다. 가끔 잘난 척하는 것만 빼면 꽤 괜찮은 아이다.

마리와 하수가 귀여운 인형을 하나씩 고르자 차원이가 말했다.

"더 가져. 다 가져도 된다니까."

"아니야. 이거면 됐어. 고마워."

"진짜 귀엽다. 잘 간직할게."

마리와 하수가 고맙다고 인사하자 이번엔 태산이에게 말했다.

"너도 가져."

"됐어."

태산이는 짐짓 관심 없는 척했다. 그런데 차원이가 멈칫했다. 애써 준비한 선물인데, 됐다니. 마리와 하수도 태산이를 쳐다봤다. 지난번 기술 유출 사건을 수사할 때는 자기 때문에 벌을 받아 그랬는지 꽤 싹싹하게 굴더니 금세 원래대로 돌아간 걸까? 태산이는 그런 분위기를 눈치채고 얼른 말을 바꿨다.

"아니 그게 아니라, 나는 괜찮아."

마리는 태산이의 변화에 웃음이 나오려는 걸 꾹 참았다. 강태산, 귀여운 면도 있다. 차원이도 기분이 풀렸는지 얼른 CD 하나를 골라 태산이에게 안겼다.

"이거 너 주려고 특별히 사 온 거야. 저스틴 구버 알지? 지금 팝보드 1위를 달리고 있는 따끈따끈한 음반이라고."

마침 태산이가 하나 사려던 것이었다.

"고마워."

태산이는 순순히 CD를 받았다. 그제야 차원이는 만족스러운 표정을 지었다.

아이들은 차원이가 내놓은

간식거리를 먹으며 수다를 떨기 시작했다. 주로 차원이의 미국 여행담이었는데 태산이도 가끔 대화에 끼었다. 참 많이 발전했다, 강태산.

한참 뒤에 익숙한 목소리가 들렸다.

"여기 모여 있었군요."

신 형사였다. 그런데 이게 웬일인가. 완전 아프리카 토인이 되어 나타난 것이다. 도대체 어딜 갔다 왔기에 이렇게 새카맣게 탔는지 차원이가 물었다.

"신 형사님, 어디 아프리카라도 다녀오셨어요?"

그러자 깜짝 놀라며 되묻는 신 형사.

"어떻게 알았어요? 나 아프리카 갔다 온 거?"

지리산에 있다더니, 곧바로 아프리카 가나에 가 열흘 동안 봉사 활동을 하고 바로 어제 돌아왔다는 것이다. 정신세계가 남다른 건 알고 있었지만 봉사 활동을 하러 아프리카까지 갔다 오다니, 아이들은 신 형사가 달라 보였다. 신 형사가 말했다.

"재미있게 노는데 미안하네요. 사건이 발생했어요."

아이들이 동시에 물었다.

"사건이요?"

"네. 어제 발생한 화재 사건이에요. 교감 선생님이 여러분들이 화재 사건 현장을 한 번도 못 봤으니 데려가라고 하셨어요."

이런! 어 교감의 현장 수사론은 지난 학기에 끝난 거 아니었나? 게다가 아이들이 학교에 나온 건 또 어떻게 알았는지 의아했다. 그러자 차원이가 말했다.

"내가 안부 전화 드리면서 오늘 만난다고 했지."

으으~ 고차원. 예뻤다 미웠다 한다. 하지만 싫다고, 안 간다고 할 수도 없었다. 아이들은 신 형사를 따라 화재 사건이 발생한 건설동으로 향했다.

화재 현장은 지하와 1층, 2층까지 총 3개 층으로 된 다세대 주택이었다. 그중 화재가 발생한 곳은 지하층이었다. 불은 지하실의 반 이상을 태우고 꺼졌고, 불행 중 다행으로 위층까지 번지지는 않았다. 그러나 안타깝게도 1층에 사는 집주인 김팔복이 사망한 뒤였다.

어제 화재를 진압했던 소방관이 현장에 다시 나와 당시 상황을 설명해 주었다.

"11시 12분쯤 신고가 들어왔어요. 곧바로 출동했지만, 골목길이 워낙 좁아 소방차가 들어가기 어려웠어요. 길을 막은 차들을 이동시키고 들어오느라 11시 35분쯤 도착했고, 5분 만에 불길을 잡고 들어갔는데 방문 앞에 한 사람이 화상을 입은 채 쓰러져 있었어요. 이미 사망한 상태였고요. 화재 신고자는 2층에 사는 세입자였어요."

아이들은 지하실로 내려가 봤다. 매캐한 냄새가 코를 찔렀다. 현관에 들어서니 거실 겸 주방이 바로 보였고 안쪽으로 더 들어가면 방이 하나 있었다. 방과 거실은 거의 다 탔고, 주방 쪽으로 번지던 불을 잡은 듯했다. 방의 벽은 시멘트가 거의 다 드러난 상태였고, 바닥에는 종이재가 산뜩 쌓여 있었다.

"살림살이가 하나도 없네요. 사람이 안 살았나요?"

차원이가 둘러보며 묻자, 소방관이 답했다.

"여기 살던 사람이 어제 낮에 이사 갔대."

"감사합니다. 이제부터는 저희가 처리할게요."

신 형사가 인사했다.

소방관이 돌아가자 신 형사와 아이들은 마당으로 나왔다. 신 형사가 물었다.

"자, 뭐부터 해야 될까요?"

화재 사건 수사에 대해 배우긴 했지만 현장을 직접 본 건 처음이었다. 아이들은 현장 수사론 수업 때 배운 내용을 하나하나 떠올려 보았다. 차원이가 말했다.

"발화 원인을 찾아야 돼요."

마리도 말했다.

"사망 사건이니까 사망자 위치와 사망 원인도 파악해요."

"목격자도 찾아야 돼요."

하수의 말까지 듣고 신 형사는 태산이를 쳐다보았다. 그러자 태산이도 대답했다.

"사망자 주변 인물 조사요."

퉁명스럽지만 그래도 고분고분하게 대답하는 강태산. 신 형사는 빙긋 웃으며 말했다.

"좋아요. 그럼 나는 김팔복 씨 가족들에게 연락할게요."

신 형사의 '알아서 수사법'에 꽤 익숙해진 아이들. 아이들은 둘씩 짝을 나눴다. 태산이와 하수는 현장 조사를 하고, 차원이와 마리는 목격자 탐문에 나섰다.

화재 원인을 찾아라!

태산이와 하수는 다시 지하실로 내려갔다. 벽지를 다 뜯어 놓은 것을 보니, 새로 도배를 할 예정이었던 모양이다. 아이들은 집안 곳곳을 다니며 처음 불이 난 곳이 어딘지, 불이 난 원인이 무엇인지 찾기 시작했다. 그래야 방화인지, 아니면 누군가의 실수로 난 불인지도 알 수 있을 터였다.

태산이는 혹시 휘발유 냄새가 나는지, 여기저기 다니며 냄새를 맡았다. 만약 휘발유 냄새가 난다면 방화일 가능성이 컸다. 그러나 냄새는 나지 않았다.

다음은 콘센트가 녹아 있는지 살폈지만 그런 흔적도 없었다. 사람들이 이사 나간 집이었기 때문에 전기 과열이나 누전이 원인일 가능성은 크지 않았다.

그렇다고 가스 폭발에 의한 화재도 아니었다. 이사 가면서 주방 쪽 가스 밸브를 차단한 상태였고, 다행히 싱크대까지 번지기 전에 불은 꺼졌다. 그렇다면 불이 난 원인은 도대체 뭘까?

그때 방 안을 살피던 하수가 태산이를 불렀다.

"태산아, 이거 봐."

하수가 가리킨 곳은 방에 있는 창문 아래였다. 거기에 종이재가 잔뜩 쌓여 있었는데, 그 위에 담뱃재가 담배 모양대로 남아 있었다. 종이재 위에 있어서 잘 보이지 않았는데, 눈썰미 좋은 하수가 발견한 것이었다. 하수가 말했다.

"벽지 뜯다가 버린 담배꽁초 때문에 불이 난 거 아닐까?"

태산이도 고개를 끄덕였다. 담뱃불이 덜 꺼진 줄 모르고 담배꽁초를 뜯어 놓은 벽지 더미에 던지고 나가는 바람에 불이 옮겨붙은 것 같았다.

아이들은 신 형사에게 보고하기 위해 마당으로 나갔다. 신 형사도 마침 1층 현관에서 나오고 있었다.

신 형사는 김팔복의 집에 들어가 전화번호 수첩을 찾아 여기저기 연락해 봤다고 했다. 부인은 2년 전에 병으로 먼저 세상을 떠났고, 자식들은 모두 미국에 있다고 했다. 자식들은 아버지가 돌아가셨다는 소식을 듣고 바로 오겠다고 했지만 빨라야 내일 새벽에나 도착할 것이다.

태산이와 하수가 담뱃불이 화재 원인인 것 같다고 하자, 신 형사는 고개를 끄덕이더니 의문을 제기했다.

"그런데 김팔복은 왜 죽었을까요?"

하수가 의견을 말했다.

"불을 끄다 불이 몸에 옮겨붙은 게 아닐까요?"

그러자 신 형사는 고개를 갸웃했다. 하수는 신 형사의 행동이 의아했다. 하지만 물어봐도 흔쾌히 가르쳐 줄 사람이 아니었다. 질문을 던질 뿐 답은 스스로 찾으라는 게 신 형사 스타일이니 말이다.

같은 시간, 차원이와 마리는 2층에서 최초 신고자인 손혁수를 만나고 있었다. 손혁수가 당시 상황에 대해 진술했다.

"어젯밤 11시쯤부터 계속 타는 냄새가 나는 거야. 그래서 나와 봤더니 지하실에서 불길이 보이더라고. 얼른 119에 신고하고, 주인아저씨를 부르러 내려갔는데 집에 없기에 전화를 했지. 집에 불났으니까 빨리 오시라고."

"그때 주인아저씨는 어디 계셨나요?"

마리가 물었다.

"그건 모르겠고, 한 5분쯤 후에 왔어. 그러더니 불을 꺼야 된다면서 뛰어들었어."

곧이어 소방차가 도착해 불은 바로 꺼졌는데, 김팔복은 결국 목숨을 잃은 채 들것에 실려 나왔다는 것이다. 차원이가 물었다.

"왜 김팔복 씨를 말리지 않으셨어요?"

"말릴 틈도 없었어. 오자마자 바로 뛰어들었다니까. 그리고 '펑!' 하고 터지는 소리가 들렸어."

가만, 터지는 소리? 그렇다면 폭발이 일어났다는 얘긴데, 이건 처음 듣는 소리였다. 마리가 물었다.

"뭐가 터지는 소리 같았나요?"

"그건 나도 모르지."

여하튼 불을 끄겠다며 김팔복이 지하실로 뛰어들었고 잠시 후 폭발이 일어났으며 결국 김팔복이 사망했다는 얘기였다.

차원이와 마리는 이웃집 사람들도 만나 당시 상황에 대해 물었다. 앞집 아주머니가 대답했다.

"소방차를 기다리고 있는데 사람들이 웅성거렸어. 집주인이 불 끄러 들어갔다고. 그런데 조금 있다 폭발하는 소리가 났어."

손혁수와 같은 대답이었다.

아이들은 다시 마당에서 만나 서로 조사한 내용을 말했다. 태산이와 하수가 화재 원인이 담뱃불이라고 하자, 차원이는 황당한 듯 말했다.

"담뱃불? 그럼 폭발은?"

그런데 다음 순간, 차원이는 번쩍 떠오르는 장면이 있었다. 소방관들의 이야기를 다룬 영화 〈불같이 살다〉에서 본 장면이었다.

소방관이 된 지 얼마 안 된 사람이 화재 현장에 투입된다. 이미 불길은 크게 번진 상태. 혹시 불길 속에 사람이 없나 살피다 어디선가 아기 울음소리를 듣는다. 소방관은 울음소리를 따라 이리저리 찾아다니다 닫힌 방문을 발견한다. 울음소리가 그 안에서 들리는 것 같다. 소방관은 빨리 구해야겠다는 생각으로 다급히 문을 연다. 그런데 다음 순간, 펑! 다른 곳에서 구조 작업을 하던 주인공 소방관의 깜짝 놀라는 표정이 잡히고 화면 정지.

"맞다! '백드래프트'야!"

뜬금없는 차원이의 말에 모두들 깜짝 놀랐다.

"화재는 연소 현상이 연속해서 일어나는 것을 말해. 연소는 물질이 빛과 열을 내면서 타는 현상을 뜻하는데, 연소가 일어나려면 세 가지 조건이 필요하지. 탈 물질, 발화점 이상의 온도, 그리고 산소. 이 세 가지 조건이 다 만족되면 완전 연소가, 셋 중 하나라도 부족하면 불완전 연소가 일어나지."

"하지만 연소가 일어난다고 다 폭발로 이어지는 건 아니잖아."

마리의 반박에 차원이는 마침 잘 말했다는 듯 신 나게 설명하기 시작했다.

"맞아. 그런데 지하실처럼 닫힌 공간에서 불이 났을 때는 좀 특이한 현상이 생겨. 처음에는 산소가 있어서 활활 타오르지만 그 안에 있던 산소를 다 쓰면 불꽃이 보이지 않고 연기만 나면서 타들어 가는 불완전 연소 상태가 되지. 이를 '훈소 상태'라고 해. 지난 2008년에 일어난 국보 1호 숭례문 화재 사건도 연기만 나는 훈소 상태를 불길이 잦아드는 걸로 잘못 판단해 불을 더 키웠다고 하더라고. 아무튼 훈소 상태에선 일산화탄소와 탄화된 입자, 연기 및 부유물을 포함한 가스가 닫힌 공간에 축적돼."

이번엔 하수가 물었다.

"그럼 폭발이 일어나?"

"갑자기 문이나 창문을 열면. 그러면 산소가 한꺼번에 많이 공급되니까 불길이 확 번지면서 순간적으로 폭발하는 듯한 현상이 일어나는데

불 끄려다 폭발이?

불을 끄려면 연소의 세 가지 조건 중 하나를 없애면 돼. 탈 물질을 없애는 방법, 이불을 덮거나 거품을 뿜는 등 산소를 차단하는 방법, 차가운 물을 뿌려 발화점 미만으로 온도를 낮추는 방법으로 불을 끌 수 있어. 그런데 불이 났다고 무조건 물을 뿌리면 안 돼. 휘발유에 불이 붙었을 때 물을 뿌리면 폭발할 수도 있거든. 또 누전 때문에 일어난 화재 현장에 물을 뿌리면 물을 따라 전기가 흘러 감전될 수 있어. 이때는 분말 소화기나 이산화탄소 소화기를 써야 돼.

이를 역화, 즉 '백드래프트'라고 해."
마리가 정리했다.
"그러니까 방문이 닫혀 있는 안방에서 불이 났는데 김팔복이 문을 여는 순간 백드래프트가 일어났고, 결국 불길에 휩싸여 사망했다?"
"응. 담뱃불로 폭발이 일어날 리는 없잖아. 그리고 불은 이미 나 있는 상태였고, 폭발할 만한 다른 물질도 없었지. 게다가 김팔복이 들어가자마자 폭발음이 들렸다는 건 백드래프트에 의한 폭발일 가능성이 크단 얘기지."
이제껏 듣고만 있던 신 형사가 미소를 지으며 말했다.

"맞아요. 방문이 닫혀 있는 상태에서 방 안에서 먼저 불이 났고, 소방차가 오기까지 시간이 걸렸다면 방은 훈소 상태였을 가능성이 크죠. 김팔복의 시신도 방문 바로 앞에서 발견됐으니까 설득력이 있는 얘깁니다."

태산이와 하수는 아까 신 형사가 '김팔복이 왜 사망했을까' 하는 질문을 던진 이유를 깨달았다. 신 형사는 현장을 보자마자 김팔복이 백드래프트 때문에 사망한 걸 알아채고, 아이들이 스스로 알아내기를 바란 것이다. 신 형사가 다시 말했다.

"그럼 이제……."

"담배꽁초를 누가 버렸는지 알아내면 되겠죠?"

신 형사의 말이 끝나기도 전에 먼저 대답해 버리는 고차원. 신 형사가 웃으며 고개를 끄덕였다. 하수가 의견을 말했다.

"김팔복이 실수로 떨어뜨렸을 거야. 벽지가 다 뜯어져 있는 걸 보면 도배를 새로 할 생각이었던 것 같아. 그러다 담배를 피우고 무심코 꽁초를 버렸는데 불씨가 남아 있었고 그게 뜯어 놓은 벽지에 옮

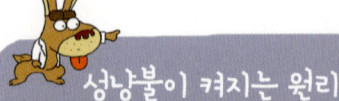

성냥불이 켜지는 원리

지금은 잘 쓰지 않지만 얼마 전까지만 해도 성냥은 불을 붙이는 데 꼭 필요한 도구였어. 작은 나뭇개비의 한쪽 끝에 붉은인 같은 연소성 물질을 입히고, 성냥갑의 마찰 면에는 유리 가루·규조토 등의 마찰제를 발라. 그리고 나뭇개비와 성냥갑을 서로 마찰시켜서 불을 일으키는데, 붉은인의 발화점(260℃)이 나무의 발화점(400~470℃)보다 낮아 먼저 불이 붙는 성질을 이용한 거야.

겨붙은 거지."

그럴 법한 얘기였다. 그런데 신 형사가 의문을 제기했다.

"김팔복은 담배를 피우지 않던데요. 담배를 피운다면 집 안 어딘가에 담배나 라이터, 성냥이나 재떨이가 있어야 하지 않을까요? 그런데 아무것도 없었어요."

김팔복이 버린 담배꽁초가 아니라면 다른 누군가가 버렸다는 얘긴데, 그게 도대체 누굴까?

 수상한 사람들

"불난 원인은 찾았어?"

2층에 사는 손혁수였다. 마리가 대답했다.

"네. 누가 버렸는지 담뱃불이 벽지 더미에 옮겨붙어 불이 난 것 같아요. 혹시 누가 벽지를 떼어 냈는지 아세요?"

"주인아저씨가 했지. 어제 지하에 살던 사람들이 이사했거든. 새로 도배해서 세놓는다고 했어."

그 순간 마리는 손혁수에게서 담배 냄새를 맡았다. 아까는 미처 못 느꼈는데, 방금 담배를 피우고 왔는지 손혁수에게서 나는 냄새가 거북했다. 마리는 슬쩍 떠보듯 물었다.

"혹시 주인아저씨가 평소에 담배를 피웠나요?"

손혁수는 살짝 당황하는 눈치였다.

"응? 주인아저씨?"

그러더니 이내 대수롭지 않은 표정으로 대답했다.

"아니. 안 피우더라고."

마리가 다시 물었다.

"그럼 아저씨는 담배 피우세요?"

"나? 어, 나는 피우지."

손혁수는 잠시 머뭇거리더니 말을 꺼냈다.

"담뱃불 때문에 불이 났다고 해서 말인데, 아니 난 그냥 본 대로 얘기하는 거야."

범인이라도 봤다는 얘기일까? 아이들은 손혁수의 목격담에 귀를 기울였다.

"여기 지하에 살던 부부가 어제 낮에 이사를 갔거든. 그런데 그 집 남편이 밤 10시 반쯤 다시 왔더라고."

그렇다면 화재가 나기 불과 몇 십 분 전이다.

"왜 왔어요? 혹시 그 사람이 지하실에도 내려갔었나요?"

차원이가 다급하게 물었다.

"왜 왔는지는 모르지. 그런데 지하실로 내려가는 걸 보기는 했어."

"언제쯤 나오는지도 보셨어요? 혹시 그 사람이 나오고 나서 바로 불이 났나요?"

하수가 묻자, 손혁수는 고개를 갸웃하며 대답했다.

"그건 모르겠어. 들어가는 것만 봤으니까."

"어디서 보고 계셨는데요?"

듣고만 있던 태산이가 물었다.

"나? 나는 2층 내 방에 있었지. 창문 열고 담배를 피우고 있는데, 그 남자가 들어가더라고. 그리고 난 곧 들어가서 나가는 건 못 봤어."

여하튼 손혁수도 담배를 피운다는 말. 그럼 그도 용의자로 봐야 하지 않을까? 태산이는 손혁수가 의심스러웠다. 하지만 물증이 없었다. 태산이는 손혁수에 대해 좀 더 알아봐야겠다는 생각이 들었다.

"지하에 살던 부부가 주인아저씨랑 사이가 안 좋았거든. 애 때문에 거의 쫓겨나다시피 나간 거라니까."

손혁수는 괜히 물어보지도 않는 말을 덧붙였다.

"그래요? 애가 왜요?"

하수가 귀가 솔깃해 물었다.

"그 집에 6개월 정도 된 애가 있거든. 얼마나 울어 대는지 밤낮으로 아주 시끄러웠지. 주인아저씨가 애 우는 소리 듣기 싫다고 매일 뭐라고 하니까 사이가 좋을 리가 없지."

요즘 층간 소음 문제 때문에 이웃끼리 다툼이 자주 일어나고 심지어는 살인 사건까지 일어난다는데, 혹시 쫓겨난 지하실 사람이 일부러 불을 낸 건 아닐까? 하수는 충분히 가능한 일이라고 생각했다.

손혁수가 간 뒤 아이들은 의견이 갈렸다. 차원이와 하수는 지하실에 살던 사람, 태산이와 마리는 손혁수가 의심스럽다고 했다. 차원이가 말했다.

"여기 사는 동안 주인이랑 계속 사이가 안 좋았고 쫓겨나자 화가 나서 불을 지른 거 아닐까?"

"맞아. 불이 나기 전에 마지막으로 지하실로 들어간 사람이니까 충분히 의심할 만해."

하수가 동의하자 태산이는 자신의 생각을 말했다.

"난 손혁수가 더 수상해. 담배 피우냐고 물었을 때 당황하는 표정 봤지?"

그러자 하수가 말했다.

"그래도 손혁수는 신고한 사람이잖아."

마리가 고개를 갸웃하며 말했다.

"용의 선상에서 벗어나려고 신고했을 수도 있어. 괜히 와서 정보를 흘리는 것도 좀 수상해."

그래서 태산이와 마리는 손혁수에 대해 알아보고 다른 목격자가 없는지 찾아보기로 했고, 차원이와 하수는 지하에 살았던 사람을 만나 보기로 했다. 그때 신 형사가 전화번호를 하나 내밀었다. 이름은 허찬우. 하수가 물었다.

"누구예요?"

"지하에 살던 사람이에요."

가만, 신 형사는 이미 지하에 살던 사람을 의심하고 있었단 말인가? 그래서 벌써 전화번호까지 확보한 것일까? 정말 신 형사의 속은 알다가도 모르겠다.

덕분에 차원이와 하수는 허찬우를 쉽게 만날 수 있었다. 허찬우의 집에 가자, 부인과 아기가 함께 있었다. 부인의 이름은 안영미. 부부에게 어젯밤 그들이 살던 지하실에서 불이 났고 주인인 김팔복이 사망했다고 전하자 둘은 소스라치게 놀랐다.

"정말? 불이 났다고? 왜?"

"주인아저씨가 죽었다고? 어떻게 그런 일이……."

두 사람은 당황하는 기색이 역력했다. 차원이가 물었다.

"허찬우 씨가 어젯밤 10시 반쯤 그 집에 간 걸 본 사람이 있어요."

그러자 더 놀라는 두 사람. 허찬우가 허둥지둥 말했다.

"지금 날 의심하는 거야? 불을 지른 범인으로?"

하수가 물었다.

"혹시 담배 피우시나요?"

"담배? 아니. 끊었는데."

허찬우가 대답하자 안영미가 덧붙였다.

"예전엔 피웠는데 내가 아기 갖고 나서 끊었어."

그렇다면 언제든 다시 피울 수도 있다는 얘기다. 차원이가 말했다.

"담배꽁초가 화재 원인으로 밝혀졌어요."

"난 담배 안 피워. 진짜야."

허찬우가 손사래를 치며 자기는 절대 아니라고 말했다.

"그 시간에 거기에는 왜 가셨죠?"

하수의 질문에 허찬우 대신 안영미가 다급하게 대답했다.

"내가 보냈어. 내가 안방 장판 밑에 비상금 20만 원을 숨겨 놨는데 깜박 잊고 그냥 온 거야. 저녁 먹고 나니까 퍼뜩 생각나더라고. 그래서 얼른 가서 가져오라고 보냈지. 주인아저씨가 도배랑 장판을 다시 한다고 했거든. 그사이 없어지면 어떡하나 싶어서."

"돈은 찾으셨나요?"

차원이가 묻자 허찬우는 고개를 저었다.

"가 봤더니 벽지도 다 뜯어져 있고 장판도 여기저기 들려 있더라고. 주인아저씨가 가져갔나 싶어서 1층에 가서 두드렸더니 안 계셨어. 그래서 전화했는데 계속 안 받는 거야. 한참 뒤에 통화가 됐지. 다행히 보관하고 있으니까 내일 낮에 가져가라고 해서 이따 가려고 했어."

"그럼 거기서 몇 시쯤 나오신 거죠?"

"10시 50분 좀 넘었을 거야. 어쨌든 난 아니야. 담뱃불 때문에 불이 났다며. 그런데 난 담배 끊었다니까."

최초 신고자인 손혁수가 불이 난 걸 안 시각은 11시가 조금 넘은 때였다. 약 10분간의 시간 차. 만약 실수든 고의로든 허찬우가 담뱃불을 버렸다면 그게 종이에 옮겨붙어 불이 날 시간과 얼추 맞아떨어진다. 차원이가 물었다.

"주인아저씨와 사이가 나빴다고 하던데요?"

그러자 안영미가 진저리를 치며 말했다.

"돌아가신 분한테 이런 말하기 그렇지만 아유, 그 아저씨 정말 이상했어. 처음엔 죄송하다고 하면서 어떻게든 아기가 울지 않게 하려고 어르고 달랬는데 어떻게 애가 하루 종일 한 번도 안 울겠어? 그런데 그것도 못 참고 애가 조금만 울어도 내려와서 시끄럽다고 소리를 지르는 거야. 그러더니 결국 나가라잖아. 계약 기간도 다 안 끝났는데 막무가내로 쫓아냈다니까. 집 없는 사람 서러워서, 원."

허찬우도 말했다.

"솔직히 주인아저씨랑 사이 나쁜 거야, 우리보다 2층 아저씨가 더 심했지."

이건 또 무슨 소리인가! 차원이가 놀라 물었다.

"손혁수 씨 말인가요?"

"맞아. 2층에 혼자 사는 아저씨. 그 아저씨는 보증금을 조금 걸고 달마다 월세 내면서 살았는데, 보증금을 다 까먹도록 월세를 밀렸나 봐. 주인아저씨가 나가라고 해도 안 나가고 버텼어. 그러니 주인아저씨랑 마주칠 때마다 싸웠지."

차원이와 하수는 아까 태산이와 마리가 손혁수를 의심했던 상황이 떠올랐다. 손혁수는 허찬우를, 허찬우는 손혁수를 은근히 범인으로 몰고 있었다. 둘 중 한 명이 이번 화재 사건과 관련이 있음이 분명하다. 그렇다면 둘 중 누가 범인일까?

같은 시간, 태산이와 마리는 불이 났을 때 김팔복과 함께 있었다는 동네 부동산 주인 소철만을 만났다. 부동산은 집에서 4, 5분 정도 거리에 있었다.

"우리 가게에서 같이 소주 한 잔 하고 있었거든. 그런데 전화가 왔어. 팔복이 집에 불이 났다고. 그래서 김팔복이 먼저 뛰어나가고 나도 문 잠그고 바로 따라갔는데, 거기 2층에 사는 남자가 자기가 신고했으니까 곧 소방차가 올 거라고 했어."

태산이가 물었다.

"소방차가 온다는데 왜 김팔복 씨는 집 안으로 뛰어든 거죠?"

"차 한 대가 골목길을 막고 있어서 소방차가 못 들어오고 있었어. 그런데 2층 남자가 팔복이한테 불이 좀 잦아든 것 같으니까 이럴 때 얼른 들어가서 꺼야 된다고 했어. 위층까지 번지면 어떻게 하냐면서.

자기가 마당 수돗가에서 물을 틀 테니까 팔복이 보고 얼른 호스를 갖고 들어가라는 거야. 그러니까 팔복이가 급한 마음에 뛰어든 거지."

그럼 김팔복을 불길에 뛰어들게 한 사람이 바로 손혁수라는 말인가? 그런데 손혁수는 이제껏 이 얘기는 한마디도 하지 않았다. 태산이와 마리는 손혁수가 점점 더 수상했다.

화재를 위장한 살인

아이들은 이웃 사람들 중 불이 나기 전의 상황을 목격한 사람이 더 있는지 찾아보았다. 다행히 뒷집에 사는 한 학생이 어젯밤 공부하다 앞집 마당을 내려다봤다고 했다. 김팔복의 집은 건물과 마당이 양옆으로 나눠져 있었다. 뒷집 학생 방은 3층이라 앞집 마당과 마당 반대편까지 한눈에 내려다보인다고 했다. 가 보니, 정말 그랬다.

"앞집 2층에 사는 아저씨가 마당에서 담배를 피우고 있었어."

태산이와 마리는 깜짝 놀랐다.

"원래 마당에서 자주 피우거든. 그때가 아마 10시 반쯤이었을 거야."

태산이가 물었다.

"그럼 지하에 살던 사람이 다시 온 것도 보셨나요?"

"아, 봤어. 비슷한 시간이었을 거야. 대문 열고 들어오는 거 봤어."

"그다음은요?"

마리가 다음 얘기를 재촉했다.

"거기까지 보고 주방에서 뭐 좀 먹고 오느라 못 봤는데, 다시 책상에 앉아서 봤더니 지하실 남자가 나가더라고. 11시 조금 안 된 시간이었을 거야."

"2층 아저씨는요?"

학생은 지하실 방의 창문을 가리키며 대답했다.

"처음엔 없었는데, 잠시 후에 지하실 방 쪽 있지? 여기서 보면 저기 건물 옆쪽 창문. 저기 창문 쪽에서 서성이다 나오는 것 같았는데 왠지 급하게 서두르면서 2층으로 올라갔어."

순간, 태산이는 생각이 번쩍 떠올랐다. 담배꽁초가 발견된 위치가 창문 바로 아래였다. 그렇다면 집 밖에서 창문으로 담뱃불을 버렸을 수도 있다. 그럼 허찬우가 아니라 손혁수의 짓?

그런데 바로 그때였다. 앞집에서 손혁수가 커다란 가방을 메고 주위를 살피며 나오는 모습이 보였다.

"태산아, 저 사람!"

마리가 황급히 말했다. 마리와 태산이는 부리나케 3층 계단을 뛰어 내려와 앞집으로 갔다.

"서! 거기 서!"

태산이가 소리쳤지만 손혁수는 이미 달아나고 있었다. 태산이가 마리에게 말했다.

"내가 쫓아갈 테니까 마리 넌, 신 형사님이랑 다른 아이들한테 지원 요청해 줘."

그러고는 마리의 대답도 듣기 전에 쏜살같이 뛰어갔다. 마리는 신 형사에게 전화했다. 신 형사는 무슨 일인지 받지 않았다. 그래서 얼른 차원이에게 전화했다.

"알았어. 우리도 근처야."

손혁수는 자신이 용의자로 의심받기 시작하자 일부러 허찬우를 끌어들여 시간을 번 후 도망가려는 속셈이었던 것이다.

태산이는 죽을힘을 다해 달렸다. 그런데 만만치가 않았다. 앞서 달리던 손혁수는 재빨리 골목길로 들어가 버렸다. 태산이는 행여 놓칠까 더 열심히 달렸다. 마침내 태산이도 같은 골목길로 들어섰지만 이미 손혁수의 모습은 보이지 않았다. 금세 사라져 버린 것이었다.

그때였다.

"퍽! 퍽!"

"윽! 윽!"

어디선가 몸싸움하는 소리가 들렸다. 소리를 따라 옆 골목으로 달려갔더니 거기에 손혁수와 신 형사가 뒤엉켜 있었다! 태산이가 달려들어 신 형사를 돕자 둘은 금세 손혁수를 제압했다. 태산이가 숨을 헉헉거리며 물었다.

"어떻게 된 거예요?"

신 형사는 휴대전화 사진을 내밀며 말했다.

"손혁수, 당신을 김팔복 살해 용의자로 체포합니다."

그러더니 휴대전화를 태산이에게 주고 수갑을 채웠다. 휴대전화에는 소방관 사진이 있었다. 사진 속 주인공은 바로 손혁수였다!

잠시 뒤 조사실. 손혁수는 자신이 저지른 죄를 인정하고 모든 것을 털어놓았다.

"처음부터 죽일 의도는 없었어요. 다만 벌이도 마땅치 않고 돈 빌릴 데도 없고 또 갈 데도 없는데 주인아저씨가 자꾸 나가라니까 밉긴 했어요. 인정사정 없이 무조건 방을 비우라고 했거든요."

10년 전까지는 소방관이었던 손혁수. 어느 날 야간 근무를 소홀히 하는 바람에 근처 공장에 큰불이 났는데도 출동하지 못했고, 그 일로 해임됐다고 했다. 그 후 부인과 이혼하고 공사장에서 막일을 하며 혼자 힘들게 살아왔는데, 최근에는 그 일마저 끊겨 방세는커녕 먹고살기도 힘들었다고 했다.

"답답해서 마당에서 담배를 피우는데 마침 지하실 남자가 오는 걸 봤어요. 어차피 쫓겨날 거 골탕이나 먹이자 생각했죠."

그래서 몰래 지켜보다가 지하실 남자가 간 바로 다음, 건물 뒤쪽으로 돌아가 지하실 창문을 열고 담배꽁초를 던져 넣었다고 했다. 그리고 119에 신고하고 집주인에게도 전화해 용의 선상에서 빠져나가려고 한 것이다.

"백드래프트 현상이 일어날 줄 알면서도 김팔복 씨를 들어가게 부추긴 것은 명백한 살인이에요."

"갈 데도 없고 돈도 없고, 그 사람만 없으면 여기서 계속 살 수 있다는 생각에……."

결국 실수로 난 화재가 아니라 전직 소방관이 저지른 방화에, 계획된 살인이었다는 사실이 밝혀졌다.

사건이 마무리되자, 마리는 신 형사에게 물었다.

"도대체 언제부터 손혁수를 의심하신 거예요?"

신 형사는 어깨를 으쓱하며 말했다.

"글쎄요. 처음부터?"

"손혁수가 김팔복을 죽이려 했다는 것도요?"

"그것까지는 몰랐죠. 그런데 알아보니 소방관이었더라고요. 그래서 의심했죠."

이번엔 차원이가 물었다.

"설마 손혁수가 도망갈 것도 아셨어요?"

신 형사는 다시 어깨를 으쓱하며 말했다.

"뭐 예상은 했죠. 그래서 일부러 자리를 좀 피해 줬더니 바로 도망가더군요."

정말 대단한 신 형사다. 그런 줄도 모르고 아이들은 손혁수가 범인이라는 증거를 찾는 데만 시간이 한참 걸렸으니, 아직 멀었다는 생각이 들었다. 하수는 여전히 풀리지 않은 궁금증이 있었다.

"손혁수는 백드래프트가 일어날 걸 어떻게 알았죠? 그걸 미리 알 수도 있나요?"

하수의 질문에는 차원이가 대답했다.

"알 수 있어. 백드래프트는 산소가 부족한 곳에 갑자기 산소가 들어가면서 일어나는 현상이라고 했잖아. 그래서 백드래프트가 일어나기 전에는 몇 가지 징후가 나타나기도 해. 틈이나 작은 구멍을 통해 건물 안으로 연기가 빨려 들어가는 현상이 발생하기도 하고, 화염은 보이지 않지만 창문이나 문이 뜨거운 경우, 유리창의 안쪽으로 타르와 비슷한 기름 성분의 물질이 흘러내리는 경우도 있어. 또 건물 안에서 연기가 소용돌이치는 모습이 창문으로 보이거나 압력의 차이 때문에 공기가 내부로 빨려 들어가는 것 같은 특이한 소리가 들리는 경우도 있지."

신 형사가 덧붙였다.

"그래서 이럴 때는 절대 문부터 열면 안 되고, 옥상이나 지붕을 뚫어서 공기보다 가벼운 가스를 먼저 빼내거나 문을 천천히 열면서 물을 뿌려 불길이 되살아나는 것을 방지해야 되죠."

"그렇구나! 그런 걸 다 알면서도 들어가라고 부추겼다니, 손혁수란 사람 정말 나쁜 사람이네!"

하수가 말했다. 맞다. 정말 나쁜 사람이다.

"신 형사님도 나빠요."

마리의 원망 섞인 말에 신 형사가 얼른 사과했다.

"아! 미안해요. 알아서 해결할 때까지 기다렸어야 하는데, 아무래도 도망치면 다시 잡기 힘들 것 같아서 끼어들었어요."

 이건 또 무슨 말씀인가. 아이들이 범인을 잡을 때까지 기다려 주지 못해 미안하다니. 그게 아니라 다 알면서 미리 말 안 해 준 게 서운한 건데…….
 알면서도 모르는 척하는 건지 아니면 진짜 모르는 건지, 정말 신 형사는 알쏭달쏭하다.

 ## 차원이가 들려주는 사건 해결의 열쇠

집주인이 사망한 한밤의 화재 사건. 그가 사망한 원인을 밝혀내고, 범인을 검거할 수 있었던 것은 바로 화재와 백드래프트에 대해 잘 알았기 때문이야.

💡 화재를 일으키는 물질들

화재란 연소 반응이 연속적으로 일어나는 것을 말해. 이런 화재의 원인이 되는 물질들은 여러 가지가 있어. 담뱃불도 그중 하나인데 작은 담뱃불이 어떻게 화재를 일으킬까 생각할지 모르지만 담뱃불의 온도는 약 500℃이고 담배를 피우고 있을 때는 약 800℃나 되는 열을 지녀. 그러니 작은 담뱃불도 조심, 또 조심해야 해.

요리할 때 많이 사용하는 가스 또한 심심찮게 화재를 일으켜. 가스가 샌

〈화재를 일으키는 여러 가지 원인들〉

상태에서 조그만 불씨라도 닿으면 바로 큰 폭발과 함께 화재로 이어지니까 가스 밸브를 잘 잠그고 자주 안전 점검을 받는 게 좋아.

　휘발유 같은 인화성 물질도 조심해야 돼. 불이 붙으면 순식간에 큰불로 이어지므로 다룰 때 세심한 주의를 기울여야 하지.

　또 전선의 합선이나 누전에 의해서 화재가 발생하기도 해. 낡은 전기 기구를 사용하거나 한꺼번에 너무 많이 사용하는 경우 전기 기구가 과열돼 화재를 일으킬 수 있지.

💡 화재의 원인을 밝혀라!

　불이 다 꺼지면 화재의 원인을 정밀 조사해야 해. 화재로 잿더미가 되었어도 잘 찾아보면 단서가 될 만한 게 남아 있거든. 화재가 났을 때 나던 연기와 불꽃의 색깔, 냄새, 현장에 남은 그을음의 모양, 타다 만 담배꽁초 등을 분석해 보면 최초의 발화 물질이 무엇인지 찾을 수 있어.

〈화재 감식 방법〉

다음으로는 불을 더 크게 만든 연소 촉진제가 없었는지 확인해야 돼. 연소 촉진제는 휘발유같이 불이 잘 붙는 물질을 말하는데, 불이 시작된 곳에 휘발유 같은 것이 뿌려져 있다면 불을 크게 만들기 위한 의도이므로 방화일 가능성이 높아. 또 방화일 경우는 촉진제를 한 곳이 아닌 여러 곳에 뿌리는 경우도 많아.

💡 백드래프트란?

연소가 일어나려면 산소와 탈 물질, 발화점 이상의 온도라는 세 가지 조건이 다 필요하다고 했지? 그런데 지하실처럼 폐쇄된 공간에서 불이 난 경우, 곧 산소가 부족해져 불꽃은 없고 연기만 나면서 타들어 가는 불완전 연소 상태가 돼. 이를 '훈소 상태'라고 하는데 겉에서 보기에는 화염이 잦아들며 불이 꺼져 가는 것처럼 보이지만 아직 탈 물질이 가득 차 있는 상태지. 그러다 부족했던 산소가 공급되면 불은 다시 엄청난 위력으로 살아나.

훈소 상태인 줄 모르고 건물로 들어가기 위해 갑자기 문을 열거나 창문을 부수면 밖에 있던 산소가 순식간에 몰려 들어가면서 폭발하듯이 불길이 번지는 현상이 나타나는데, 이를 '백드래프트(backdraft)'라고 해. 미국에서는 이 현상을 '소방관 살해 현상'이라고도 부르는데, 그만큼 백드래프트로 많은 소방관이 목숨을 잃었기 때문이야.

하지만 화재 현장에서 나타나는 징후를 잘 관찰하면 백드래프트를 피할 수 있어. 균열된 틈이나 작은 구멍을 통해 연기가 건물 안으로 빨려 들어가는 경우나 창문이나 문이 뜨거운 경우, 유리창의 안쪽으로 타르와 유사한 기름 성분의 물질이 흘러내리는 경우, 창문으로 보았을 때 건물 안에서 연기가 소용돌이치는 경우도 조심해야 하지. 또 압력의 차이 때문에 공기가

〈백드래프트 징후〉

내부로 빨려 들어가는 듯한 특이한 소리가 들리기도 해. 이때는 화재가 난 건물의 옥상이나 지붕을 뚫어 공기보다 가벼운 가스를 먼저 빼내거나 출입문의 문을 천천히 열면서 물을 뿌려 불길이 되살아나는 것을 방지해야 돼.

그러니까 생각해 봐. 처음엔 김팔복이 버린 담뱃불로 화재가 일어났고 불을 끄다 사망한 줄 알았어. 하지만 **백드래프트를 떠올리고, 그에게 앙심을 품은 손혁수가 소방관이었다는 사실을 밝혀내** 계획적인 범행이었음을 알아낼 수 있었지.

무서운 편견

"강수원!"
"엄마!"
마리는 깜짝 놀랐다.
'엄마? 강수원이 교장 선생님의 아들?'

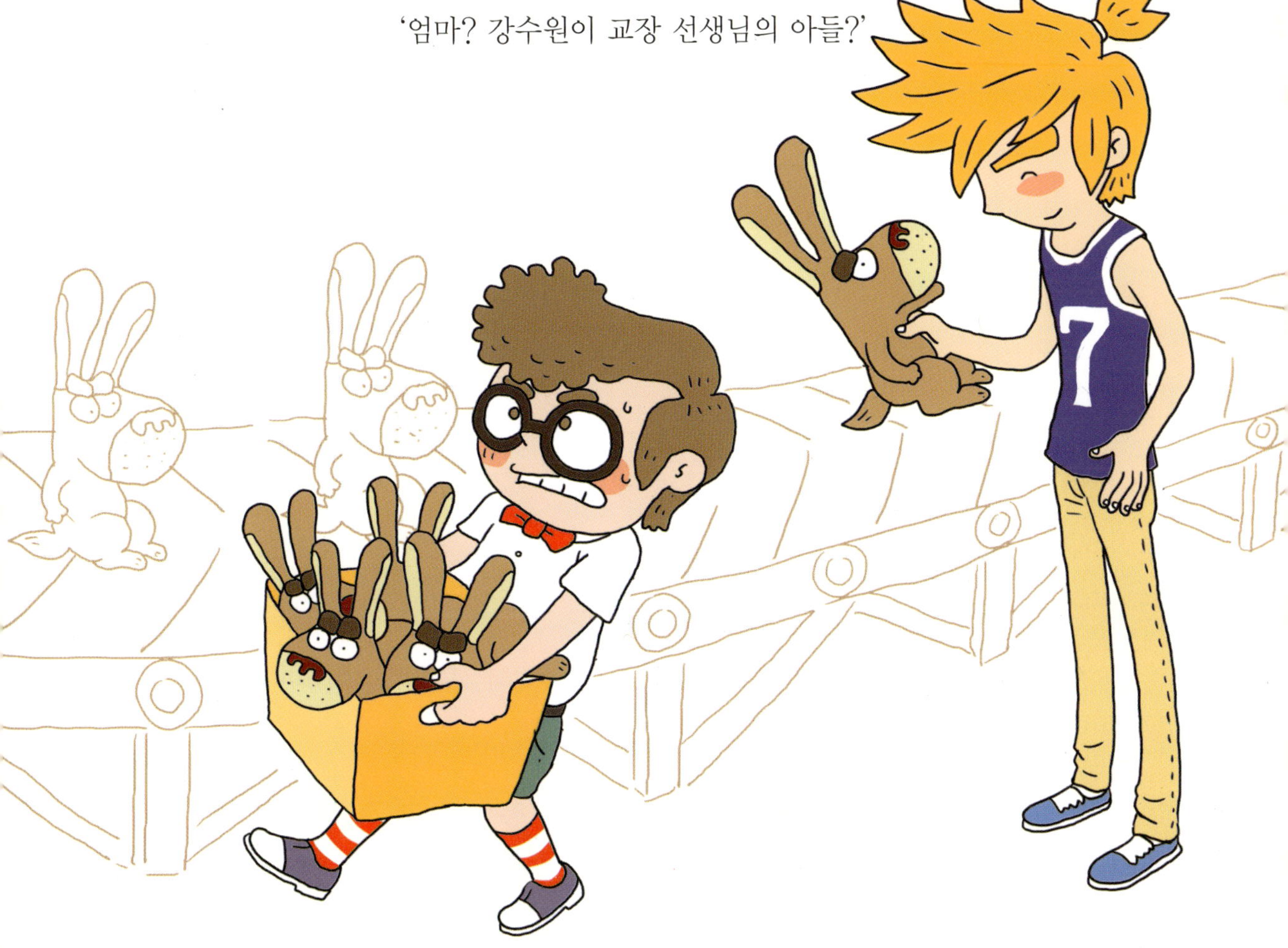

🟡 이상한 인연

이제 남은 방학은 일주일. 마리는 방학 동안 꼭 해야겠다고 마음먹었던 일을 하기로 했다. 바로 5년 전 엄마의 뺑소니 교통사고 사건을 담당했던 형사를 만나 보기로 한 것이다. 아빠한테 그 사람의 이름을 묻자 아빠가 놀란 표정으로 다시 물었다.

"갑자기 그건 왜? 혹시 너 CSI 된 거 엄마 사건 때문이니? 그 범인 잡으려고?"

마리는 고개를 끄덕였다. 아빠는 아무 말도 하지 못했다.

"걱정 마세요. 그냥 틈나는 대로 조금씩 알아보려는 거예요."

"벌써 5년이나 지났는데 잡을 수 있을까?"

"오래 걸릴지도 모르고 또 못 잡을 수도 있겠죠. 하지만 공소 시효도 아직 많이 남았으니까 한번 시도해 보려고요."

아빠는 고개를 끄덕이더니 휴대전화로 전화번호를 전송해 주었다.

"원상훈 반장이야. 그런데 지금은 다른 데로 옮겼을 거야. 1년 전까지는 가끔 지나다 만났는데 요즘은 통 못 보겠더라."

마리는 바로 전화를 걸었다. 자신에 대해 설명하고 만나고 싶다고 하자, 원 반장은 영광 경찰서로 오라고 했다. 마리는 그를 만나러 갔다.

경찰서 안에 들어선 마리는 원 반장을 금방 알아보았다. 어린 나이였지만 마리는 당시의 일을 거의 기억하고 있었다. 엄마의 뺑소니 범인을 잡기 위해 애썼지만 결국 잡지 못해 많이 미안해했던 형사였다.

원 반장 앞에는 한 청년이 앉아 억울한 듯 울고 있었다.

"난 절대 안 훔쳤어요. 정말이에요."

나이는 스물하나나 둘 정도 되어 보이는데, 억울한 듯 자신은 범인이 아니라고 부인하며 믿어 달라고 말했다.

"증거가 있잖아. 증거가."

원 반장이 답답한 듯 머리를 긁적이다 마리를 발견했다. 손을 들어 마리에게 아는 체를 하더니 청년에게 말했다.

"일단 흥분을 좀 가라앉히고 서장님 오시면 다시 얘기하자."

옆에 앉은 형사가 청년을 데려가자 원 반장이 벌떡 일어나며 말했다.

"한마리 맞지?"

마리는 얼른 인사했다.

"네. 안녕하셨어요?"

"그래. 많이 컸네. 그런데 무슨 일로?"

마리는 CSI 신분증을 보이며 말했다.

"저 어린이 과학 형사대 CSI가 됐어요."

"뭐? CSI? 와, 멋진데! 그때도 똑똑하다고 생각은 했지만 진짜 멋지게 컸구나!"

그러더니 이내 생각난 듯 말했다.

"가만, 그 학교에 공차심 서장님, 아니 교장 선생님이 계시지?"

"네. 어떻게 아세요?"

"5년 전에 연서 경찰서 서장님이셨거든."

연서 경찰서라면 바로 마리가 사는 동네에 있는 경찰서였다. 원 반장도 거기 있었고, 마리 엄마의 뺑소니 사건도 연서 경찰서에서 수사했는데 그때 공 교장이 서장이었다니······. 예상치 못한 인연이었다.

"원 반장!"

다급한 목소리. 공 교장이었다. 마리와 원 반장이 벌떡 일어나자 공 교장이 먼저 마리를 보고 놀랐다.

"한마리! 네가 여기 웬일이야?"

"원 반장님 좀 뵈려고요."

"둘이 아는 사이였어? 아, 미안! 수원이 일 먼저 해결하고."

그러더니 원 반장에게 물었다.

"수원이가 뭘 훔쳤다고?"

"네. 이틀 전에 강수원이 다니던 공장, 삼원정밀에서 사장실 금고에 들어 있던 3000만 원을 훔쳤대요."

"말도 안 돼. 수원이는 그럴 애가 아니야."

공 교장이 펄쩍 뛰자 원 반장이 대답했다.

"저도 알죠. 그런데 증거가 나왔어요. 다른 팀에서 맡았던 사건인데, 일단 제가 맡겠다고 하긴 했어요."

공 교장이 어두운 표정으로 물었다.

"수원이는?"

원 반장이 유치장에 앉아 있는 아까 그 청년을 가리켰다. 공 교장이 다가가며 그를 불렀다.

"강수원!"

"엄마!"

마리는 깜짝 놀랐다.

'엄마? 강수원이 교장 선생님의 아들?'

사실 공 교장의 가족 관계에 대해서는 아는 바가 하나도 없었다. 그런데 강수원이 아들이라고?

공 교장이 강수원의 손을 잡자 강수원은 고개를 푹 숙이며 말했다.

"전 정말 안 훔쳤어요."

그러자 공 교장은 큰 소리로 두둔했다.

"당연하지. 네가 왜 남의 돈을 훔쳐. 난 믿으니까 걱정 마."

강수원은 그제야 조금 안심하는 표정이었다.

원 반장은 유치장에서 강수원을 데려와 공 교장 옆에 앉혔다. 그리고 공 교장에게 사건에 대해 설명했다. 공 교장이 강수원에게 물었다.

"금고 앞에서 네 휴대전화 고리가 나오고, 네 방에서 돈뭉치가 나왔다니, 어떻게 된 거야?"

"휴대전화 고리는 잃어버린 거예요. 그게 왜 거기 떨어져 있었는지 저도 모르겠어요. 돈은 그동안 월급 받은 걸 안 쓰고, 안 입고 모은 거예요. 아빠가 나오면 같이 살 집을 마련하려고요."

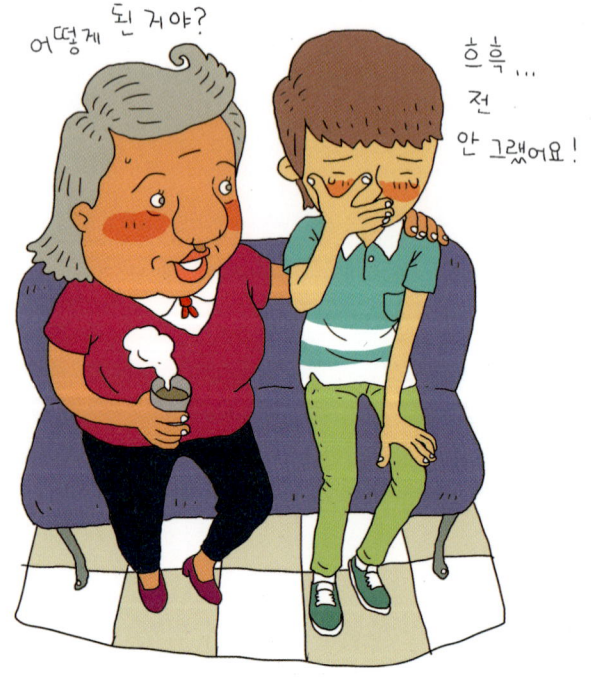

공 교장은 고개를 끄덕거렸다. 강수원을 가엾게 여기는 표정이었다. 그런데도 어쩐지 엄마와 아들 같은 느낌은 안 들었다. 둘은 어떤 사이일까?

"그런데 어제 회사엔 왜 안 나갔어?"

공 교장이 다시 묻자 강수원은 차분하게 설명했다.

"아빠 면회 갔다 왔어요. 이번 주말이 생신인데, 그날은 학원 수업 때문에 못 갈 것 같아서요."

강수원의 아빠 얘기에 공 교장은 한참 생각에 빠져 있었다.

"아직 성진 교도소에 계시지? 한번 뵈러 가야 되는데……. 아빠 언제 나오시지?"

"3년 뒤에요."

"3년. 그래 얼마 안 남았네. 열심히 돈 모아야지."

강수원의 아빠가 교도소에 수감되어 있단 말인가? 설마 강수원이 엄마라고 부르는 공 교장과 강수원의 아빠가 부부? 마리는 이들의 관계가 무지 궁금했지만 직접 물어볼 수는 없었다. 공 교장이 원 반장에게 말했다.

"원 반장, 이 사건 CSI한테 맡길게. 그래도 되지?"

원 반장이 놀란 표정으로 마리를 쳐다봤다. 마리 역시 어리둥절했다. 원 반장이 고개를 끄덕이자 공 교장이 말했다.

"마리야, 신 형사님이랑 아이들한테 연락해라."

도대체 이게 무슨 일인가. 엄마 사건을 알아보러 갔다가 공 교장을 만나고, 거기다 사건까지 맡게 됐다.

믿어도 될까?

신 형사와 아이들이 다 모이자, 원 반장이 지금까지 조사한 내용을 말해 주었다.

"이틀 전 밤, 삼원정밀에서 금고 도난 사건이 발생했어. 금고에 들어 있던 현금 2000만 원 정도와 100만 원짜리 수표 10장, 총 3000만 원 정도가 사라졌어. 외부에서 침입한 흔적은 없었고, 금고 옆에 휴대전화 고리가 떨어져 있었대."

원 반장은 증거물 봉지에 든 휴대전화 고리를 보여 주었다.

"조사 결과, 휴대전화 고리는 강수원의 것으로 밝혀졌고 그날 밤 가장 늦게까지 남아 있었던 직원도 강수원이었어. 회사 현관 CCTV에 11시쯤 가방을 들고 다급하게 뛰어나가는 모습이 찍혔어."

그러면서 CCTV 데이터를 보여 주었다. 뭐가 그리 급했는지 강수원은 가방을 끌어안고 정신없이 뛰어나가고 있었다. 차원이가 물었다.

최근의 수표 위조 사건

얼마 전 100억 원짜리 위조 수표가 은행의 수표 감식기를 통과한 사건이 발생했어. 위조 수표를 감별하는 기계는 수표 용지가 진짜인지 아닌지를 확인하는데, 범인은 1억 원짜리 진짜 수표에다 100억 원으로 숫자만 변조했기 때문에 감식기를 통과할 수 있었지. 또 은행에선 전산으로 수표 금액과 일련번호가 맞는지를 확인하는데, 범인은 진짜 100억 원짜리 수표를 갖고 있는 사람에게서 수표의 일련번호를 알아내 그대로 써넣는 수법으로 은행을 속였지. 나중에 수표의 진짜 주인이 나타나면서 범인들이 검거되었어.

"지문도 나왔나요?"
"아니. 지문은 다 지웠더라고."
마리가 물었다.
"금고를 억지로 연 흔적은요?"
"아니. 그런 흔적도 없었어."
그러자 태산이가 말했다.
"그럼 범인은 비밀번호를 아는 사람이든가 아니면 전문 털이범이라는 얘긴데, 강수원에게 그런 재주가 있었을까요?"

원 반장이 난처한 표정으로 대답했다.
"그건 모르지. 그런데 강수원이 다음 날 아침에 전화해선 몸이 아파서 일을 못 나가겠다고 했다는 거야."

휴대전화 고리가 나와 의심스런 상황에서 갑자기 회사에도 안 나오니 강수원이 가장 유력한 용의자가 되었다는 것이다. 그리고 그가 사는 옥탑방을 조사했더니 장롱에서 500만 원 정도 되는 돈뭉치가 발견됐다는 것. 결국 강수원을 유력한 용의자로 보고 수배해, 오후 5시쯤 고속버스터미널에서 붙잡았다고 했다.

마리는 이상한 생각이 들었다.
"아까 교도소에 계신 아버지를 면회하고 오느라 쉬었다고 했는데, 왜 회사에는 아프다고 거짓말을 했을까요?"

교도소라는 말을 듣자마자 아이들은 모두 깜짝 놀라 눈이 동그래졌다. 차원이가 마리에게 다시 확인하듯 물었다.

"강수원 아빠가 교도소에 계셔?"

"어? 응······."

마리가 대답했다. 듣고 있던 공 교장의 표정이 어두워졌다. 아이들의 반응이 신경 쓰이는 듯했다. 하지만 공 교장은 아무 말도 하지 않았다. 원 반장이 계속 설명했다.

"강수원이 초등학교 2학년이었을 때, 아빠 강만길이 친구를 살해한 죄로 15년 형을 받았고 지금까지 교도소에 수감 중이야."

아이들은 어쩌면 강수원이 진짜 범인일지도 모른다고 생각했다.

신 형사는 공 교장이 강수원을 어떻게 알게 됐는지 짐작이 갔다. 공 교장에게 물었다.

"혹시 교장 쌤이 강수원 아빠를?"

공 교장은 고개를 끄덕이더니 대답했다.

"그래, 내가 그 사건을 맡았었지."

공 교장이 강수원의 아빠 강만길을 잡아넣었다는 얘기였다! 그런데 왜 강수원은 공 교장을 엄마라고 부르고, 공 교장은 강수원을 감싸고 돌까? 마리는 두 사람의 이야기가 점점 더 궁금해졌다.

그때 공 교장이 단호한 목소리로 말했다.

"그럼 알아서 수사하고 결과만 보고해."

공 교장은 어떤 영향력도 행사하지 않을 테니 공정하게 수사하라는 뜻이었다. 공 교장이 가자, 원 반장이 말했다.

"쯧쯧. 서장님 속 타시겠네."

차원이가 궁금증을 견디지 못하고 물었다.

"증거도 나왔다는데 교장 쌤은 왜 강수원을 감싸는 거예요?"

"아빠가 교도소에 가자 일가친척 하나 없는 강수원은 고아원에 보내질 처지였어. 서장님, 아니 교장 선생님이 마음이 약하시잖아. 그래서 강수원을 친아들같이 돌봐 주셨어. 밥도 해 주고 공부도 시키고. 그런데 강수원이 중학교 2학년 때쯤이었나? 나쁜 애들하고 몰려다니면서 교장 선생님 맘고생도 많이 시켰지."

공 교장은 매일 학교에 불려 가고, 경찰서에 쫓아다니면서도 강수원을 사람 만들기 위해 많이 애썼다고 했다. 그런 공 교장의 마음을 알았는지 다행히 고등학교를 졸업하고서는 강수원도 정신을 차리고 기술을 배워서 공장에 들어갔다는 것이다.

"요즘엔 한시름 놓고 계셨는데 또 이런 일이 생긴 거지."

아이들은 놀랐다. 이제껏 보아 온 공차심 교장 선생님의 모습은 운동을 엄청나게 좋아하는 분? 아니면 아이들에게 친근하게 대해 주지만 그래도 다가가기 어려운 분이었는데, 이런 따뜻한 면도 있었다니.

하수가 의견을 말했다.

"아빠가 교도소에 있다는 걸 알리기 싫어서 거짓말한 게 아닐까요? 실제로 성진 교도소에 갔었는지 알아보면 어떨까요?"

원 반장이 대답했다.

"그랬을지도 모르지. 그런데 그날 교도소에 진짜 갔었는지는 별로 중요하지 않아. 그게 돈을 훔치지 않았다는 걸 증명해 주진 않으니까."

아이들은 마음이 무거웠다. 공 교장이 강수원을 철석같이 믿는 데는 분명 이유가 있을 것이다. 그렇다면 공 교장의 말대로 어느 한쪽으로 치우치지 않는 공정한 수사를 해야 한다. 차원이랑 태산이는 강수원을 조사하고, 하수와 마리는 사건 현장에 가 보기로, 그리고 신 형사는 강수원의 행적을 조사하기로 했다.

강수원은 조사실에 들어오자마자 괴로운 표정으로 말했다.

"난 억울해. 진짜 안 훔쳤어."

차원이가 물었다.

"그럼 왜 거짓말을 했어요? 아빠를 만나러 간다고 솔직히 얘기했으면 이렇게까지 의심받지는 않잖아요."

그러자 강수원은 고개를 푹 숙이고 한참 동안 아무 말이 없었다. 차원이는 당황했다. 자기가 뭘 잘못 물었나 싶었다. 하지만 태산이는 강수원의 마음이 보였다. 그래서 대신 버럭 소리를 질렀다.

"그걸 질문이라고 하냐? 너 같으면 선뜻 말하겠어? 사람들 선입견이 얼마나 무서운데."

차원이는 놀랐다. 다른 사람의 편을 드는 태산이를 본 적이 없었기 때문이다. 차원이는 당황해 뭐라 할 말이 없었다. 그때 강수원이 먼저 입을 열었다.

"맞아. 예전에 다니던 공장에서도 아빠가 범죄자라는 사실이 알려지고 나서 잘렸어. 공장 사정이 안 좋아져서 가장 어린 나를 자른다고 했지만, 내가 바보도 아니고 진짜 이유를 모르겠어? 하루 이틀 당한 것도 아니고 내가 범죄자의 아들이라는 게 알려지는 순간, 나도 범죄자 취급을 받는 거지."

차원이도 태산이도 마음 한구석이 찔렸다. 아까 강수원의 아빠가 교도소에 있다는 얘기를 들었을 때 둘도 강수원을 의심했던 것이다. 하지만 강수원의 하소연에도 차원이는 여전히 의심을 지울 수 없었다.

'강수원이 범인이 아니라는 증거도 없지 않나? 일부러 동정심을 유발해서 자신의 죄를 감추려는 속셈은 아닐까?'

차원이가 물었다.

"사건 당일, 왜 회사에 혼자 남아 있었죠? 그리고 급하게 도망치듯 나간 이유는 또 뭐죠?"

강수원이 조금은 담담해진 표정으로 대답했다.

"사실 전문대라도 가야겠다는 생각에 몇 달 전부터 수능 시험을 준비했어. 그래서 공부하랴, 일하랴 정신이 없어서 아빠 생신인 걸 깜박 잊었어. 퇴근 시간쯤에 생각나더라고."

그런데 주말에는 학원 수업이 있어서 못 갈 것 같아 다음 날 휴가를 내기로 마음먹었고, 남은 일을 마무리하느라 늦어졌다고 했다.

"그러다 아빠 생신 선물을 안 산 게 생각나서 뛰어나간 거야."

강수원의 말을 들으면 다 진실 같았다. 하지만 반대로 생각해 보면 둘러댈 말을 치밀하게 준비한 것일 수도 있다.

한편 삼원정밀에 간 마리와 하수는 사장 이삼원에게 재수사를 하게 됐다고 전했다. 사장은 버럭 화부터 냈다.

"범인이 잡혔는데 왜 재수사를 해?"

말은 안 했지만 형사라면서 어린 아이들이 온 것도 영 미덥지 않은 눈치였다.

"재수사해 봐야 똑같아. 어떻게 그렇게 감쪽같이 속였는지, 참. 사람 죽이고 감옥에 간 범죄자 아들인 줄도 모르고."

마리가 나섰다.

"휴대전화 고리만으로는 충분한 증거가 안 됩니다."

"거짓말도 했잖아. 아프다고. 게다가 집에서 돈뭉치도 나왔다면서."

하수가 설명했다.

"그 돈은 자기가 모은 거라고 주장하고 있어요. 그 돈이 도난당한 돈이라는 증거도 없고, 3000만 원이 다 나온 것도 아니고요."

"그야 나머진 다른 데 숨겼겠지."

"여하튼 지금 나온 증거만으로는 불충분합니다."

마리의 단호한 말에 결국 사장은 꼬리를 내렸다. 마리는 공장 사람들을 만나 강수원에 대해 물어보고, 하수는 금고 주변에서 혹시 남아 있을지 모를 또 다른 증거물을 찾기로 했다.

마리가 회사 동료들에게 강수원에 대해 물어보자 사람들의 첫 반응은 하나같이 똑같았다.

"완전 깜빡 속았잖아."

"어떻게 그런 애가 들어왔지? 그것도 모르고 잘해 줬더니……."

모두들 강수원이 살인자의 아들이라는 사실만으로도 거짓말쟁이에다 충분히 범죄를 저지를 수 있는 사람이라고 생각하는 듯했다. 사람들의 반응에 마리가 씁쓸해하며 물었다.

"그날 가장 늦게까지 계셨던 분이 누구예요?"

삼십 대쯤 되어 보이는 남자가 손을 들었다. 이름은 이동철.

"다른 사람들은 다 퇴근하고 수원이랑 나랑 둘만 남아 있었어. 그러다 나도 9시 반쯤 집에 갔지. 수원이한테 퇴근 안 하냐고 물었더니, 좀 더 일하다 가겠다고 했어."

그는 퇴근한 뒤의 일은 아무것도 모르고, 다음 날 아침에 송진창 작업반장에게 강수원이 아파서 못 나온다는 말만 전해 들었다고 했다. 송 작업반장이 말했다.

"출근하는 길에 수원이한테서 전화가 왔었어. 몸이 아파서 하루만 쉬겠다고. 그러라고 했지. 그런데 회사에 오니까 난리가 난 거야. 도둑이 들어서 금고에 있던 돈을 털어 갔다고. 그때까지는 수원이가 범인일 거라고는 생각도 못 했지. 일도 열심히 하고 대학 간다고 공부도 열심히 하기에 요즘 보기 드문 청년이라고 생각했거든."

"내 얘기가 그거야. 우리 아이들한테도 수원이 좀 닮으란 얘길 얼마나 많이 했다고. 그런데 나 원 참."

옆에 있던 사람도 거들었다.

이야기를 종합해 보면, 이 사실이 알려지기 전까지만 해도 사람들은 강수원을 성실하고 착한 청년으로 여겼다. 그러나 범죄자의 아들이라는 얘기를 듣고 그가 공장 금고에 손을 댄 범인이라는 말이 퍼지면서 믿는 도끼에 발등을 찍힌 듯 배신감마저 느끼고 있었다.

그사이 금고와 금고 주변을 살펴보러 간 하수는 예상치 못한 상황에 당황하고 있었다. 글쎄, 금고가 없다는 것이었다. 사장이 말했다.

"아까 버렸어. 손 탄 거라 기분 나빠서 못 쓰겠더라고."

"네? 버렸다고요? 어디에 버렸는데요?"

사장 비서가 대답했다.

"요 앞에, 재활용품 내놓는 곳에 버렸어."

하수는 부리나케 공장 앞길에 있는 재활용품 버리는 곳으로 뛰어갔다. 그런데 없었다. 벌써 누가 가져간 뒤였다. 미처 발견하지 못한 지문이라도 나오지 않을까 기대했었는데, 그마저도 확인할 수 없게 됐다. 하수는 다시 공장으로 돌아와 수위 아저씨께 물었다.

"아저씨, 저기에 버린 금고 누가 가져가는지 못 보셨어요?"

수위 아저씨가 대답했다.

"글쎄, 보지는 못했는데 아마 고철 주워 가는 사람이 가져갔을걸. 하루에 한 번씩 들르거든."

"어디 가면 그분을 만날 수 있나요?"

"그건 나도 모르지."

하수는 금고를 찾지 못한 게 마음에 걸렸다. 수사에 도움이 될지 어떨지는 확신할 수 없지만 그래도 가장 중요한 증거물 중 하나인데 버려 버리다니 정말 황당했다. 하수가 다시 공장 안으로 들어가려는데, 수위 아저씨가 하수를 불렀다.

"저기, 학생. 수원이가 돈 훔쳤다는 거, 그거 정말이야?"

"몇 가지 증거가 있긴 한데, 아직 확실하지는 않아요. 조사를 더 해 봐야 해요."

"실은 내가 화장실 다녀오느라 수원이가 나갈 때 못 봤거든. 인제 와서 얘기해도 될지 모르겠는데, 그날 밤 이상한 점이 있긴 했어."

"이상한 점이요? 그게 뭔데요?"
하수가 놀라 물었다.
"공장으로 들어가는 문이 정문 말고 뒷문이 하나 더 있거든. 12시에 순찰을 도는데, 그 문이 열려 있었어."
"뒷문이요?"
"응. 직원들이 뒤뜰로 잠깐 쉬러 나갈 때 다니는 문이야. 그때는 낮에 잊고 안 닫았나 보다 하며 대수롭지 않게 넘겼는데 오늘 아침에 퍼뜩 생각났어."
그렇다면 누군가 뒷문으로 들어갔다 나간 사람이 있다는 얘기였다.

하수가 물었다.

"뒷문 쪽엔 CCTV가 없나요?"

"있긴 한데 고장 난 지 좀 됐어. 사실 내가 11시 30분부터 12시 조금 전까지 잠깐 졸았거든. 혹시 그때 누가 들어온 게 아닌가 몰라."

"직접 살펴보고 싶어요."

하수는 수위 아저씨를 따라 뒷문으로 갔다. 문을 억지로 연 흔적은 없었다. 하수는 문손잡이에서 지문을 채취했다. 그런데 여러 명의 지문이 섞여 나왔다. 그사이 사람들이 왔다 갔다 하면서 지문을 남긴 것이다. 하수는 생각했다.

'혹시 그날 밤 뒷문으로 들어온 누군가가 진짜 범인이 아닐까? 그리고 강수원에게 혐의를 돌리려고 일부러 금고 앞에 강수원의 휴대전화 고리를 떨어뜨린 건? 그렇다면 강수원을 잘 아는 사람, 어쩌면 그의 아버지가 교도소에 있다는 것까지 아는 사람이 범인일지도 몰라.'

그렇다. 어쩌면 범인은 사람들의 심리를 이용했을 수도 있다. 범죄자의 아들이라는 사실이 알려지자마자 다른 어떤 증거보다 훨씬 더 강력한 편견에 사로잡히리라는 점을 말이다.

'편견을 이길 확실한 증거를 찾아야 돼. 진짜 범인이 누군지 밝혀 줄 확실한 증거를!'

하수는 다시 사장실로 가 금고가 놓여 있던 책상 밑을 샅샅이 살피기 시작했다.

뜻밖의 증거

한편 차원이와 태산이는 강수원을 조사하던 중 원 반장의 부름을 받았다. 조사실에서 나가 보니 원 반장 앞에 한 아주머니가 앉아 소리를 지르고 있었다.

"아, 훔친 거 아니라니까요. 정말이에요."

원 반장이 아이들에게 말했다.

"도난 수표를 사용하려던 아주머니야."

삼원정밀 사장이 100만 원짜리 수표들의 일련번호를 적어 놓은 덕에 수표 도난 신고를 했는데, 이 아주머니가 그중 하나를 사용하려다 붙잡힌 것이다. 이름은 허숙희. 나이는 45세. 차원이가 물었다.

"이 수표는 어디서 난 거죠?"

"빌려 준 돈을 받은 거야. 최민국이라고 고향 동생한테 내가 600만 원을 빌려 줬었는데 1년이 지나도록 안 갚더니, 어제 겨우 200만 원을 갚더라고. 걔가 준 수표야."

도난 수표로 빚을 갚았다? 최민국은 도대체 누구일까? 허숙희는 안 되겠다는 듯 휴대전화를 꺼내며 말했다.

"잠깐만. 내가 당장 전화 걸어서 확인시켜 줄게."

그러더니 전화를 걸고는 스피커폰을 켰다. 그러나 전화기가 꺼져 있다는 음성 안내가 흘러나왔다. 허숙희는 당황한 듯 말했다.

"어? 왜 꺼져 있지?"

두세 번 더 걸어 봤지만 마찬가지였다. 허숙희는 다른 전화 번호를 찾으며 말했다.

"내가 최민국한테 돈 받는 거 본 사람도 있으니까 잠깐만 기다려. 최민영이라고 최민국 누나거든."

전화벨이 울리고, 잠시 후 휴대전화 너머에서 여자 목소리가 들렸다.

"왜?"

싸늘한 분위기였다. 허숙희는 다짜고짜 소리를 질렀다.

"야! 네 동생 도둑이야? 왜 나한테 훔친 수표를 줬어? 너도 알고 있었지?"

그러자 최민영도 소리쳤다.

"뭐? 도둑? 얘가 듣자 듣자 하니까. 야, 너 말 다 했어?"

차원이가 말리고 나섰다.

"잠깐만요. 여기 경찰서입니다."

최민영은 최민국이 허숙희에게 갚은 돈이 도난당한 수표라는 말을 전해 듣고는 소스라치게 놀라는 듯했다.

"난 몰라. 민국이가 숙희한테 돈 꾼 것도 나는 어제 처음 알았어. 숙희가 우리 집까지 찾아와서 난리를 피우는 바람에 민국이한테 연락한 거지. 나도 민국이랑 연락 잘 안 해."

남매 사이지만 서로 연락도 거의 안 하고 산다고 했다.

"최민국 씨 지금 어디에 있는지는 아시나요?"

"중국집에서 배달한대. 양지동 공장 단지 안에 있는 중국집인데, 양자강이라던가?"

양지동 공장 단지라면 삼원정밀이 있는 곳이다. 그렇다면 최민국과 강수원, 둘이 관계가 있는 게 아닐까? 차원이가 다급하게 물었다.

"최민국은 이 수표가 어디서 났대요?"

"걔도 빌려 준 돈을 받았다던데. 누구한테 받았는지는 안 물어봤어."

'혹시 강수원에게 받은 돈이 아닐까?'

차원이와 태산이의 눈이 번쩍 마주쳤다. 둘 다 같은 생각을 한 것이다. 차원이는 일단 최민국의 주소지를 물었다. 최민영은 따로 지내는 곳이 없고 일하는 중국집에서 먹고 잔다고 알려 줬다. 차원이는 곧바로 마리에게 전화를 걸어 양자강이라는 중국집에서 배달 일을 하는 최민국을 찾아보라고 했다. 그런 뒤 차원이와 태산이는 최민국의 신원을 조회해 봤다. 그랬더니 빈집 털이범으로 붙잡혀 3년간 복역한 후 1년 전에 출소한 전과가 있었다. 그럼 금고를 여는 것쯤은 쉽지 않았을까? 차원이와 태산이는 강수원이 있는 조사실로 갔다. 태산이가 물었다.

"최민국이라는 사람 알아요?"

"민국이 형, 알지. 우리 공장 근처 중국집에서 일하는 형이야."

혹시 최민국에게 아빠에 대해 이야기한 적이 있냐고 묻자, 강수원은 고개를 끄덕였다.

"몇 번 이야기를 나누다 민국이 형의 과거 얘기를 듣게 됐어. 왠지 동질감이 느껴져서 나도 아빠 얘기를 했어. 그 뒤로 꽤 친하게 지냈지."

"그 사람한테서 돈을 꾼 적도 있나요?"

"돈? 아니. 없어. 내가 빌려 준 적은 있어."

"꾼 게 아니라 빌려 줬다고요?"

차원이가 의심스런 눈초리로 물었다.

"응. 한 달 전인가 급하게 필요하다고 해서 20만 원을 빌려 줬어. 그건 왜?"

태산이가 말했다.

"금고에 있던 수표가 발견됐어요."

"정말이야? 어디서? 누가 갖고 있었어?"

강수원이 깜짝 놀라며 물었다. 태산이가 대답했다.

"어떤 아주머니인데, 최민국한테 받았대요. 그런데 최민국은 그 수표가 다른 사람한테 돈을 빌려 줬다 받은 거라고 했대요."

그러자 강수원은 뭔가 생각난 듯 말했다.

"그날 밤에 민국이 형이 나한테 전화했었어. 같이 얘기나 좀 하자고. 내가 내일 아빠한테 가야 돼서 마무리할 일이 있다고 했더니 알겠다면서 끊었어."

그렇다면 최민국은 강수원이 혼자 공장에서 일한다는 사실을 미리 알았던 것이다. 게다가 배달을 자주 와서 공장의 구조에 대해서도 잘 알았을 터다. 최민국에 대한 의심이 점점 더 커졌다.

한편 마리는 양자강으로 가서 최민국을 찾았지만 그만뒀다는 대답이 돌아왔다.

"어제 아침부터 갑자기 없어졌어. 전화해도 안 받고. 그 녀석, 이번 달 월급도 반 이상 가불해 갔는데. 나 참, 기막혀."

그 시간, 사장실에서 금고가 있던 자리를 살피던 하수는 눈에 번쩍 띄는 것을 발견했다. 머리카락 한 올이 나무로 된 책상 다리의 흠에 끼어 있었던 것이다! 만약 사장의 것이 아니라면 범인의 머리카락일 확률이 높았다. 하수는 미소를 띠며 머리카락을 증거물 봉지에 조심스레 넣었다.

혐의를 벗다

아이들과 신 형사는 다시 경찰서에 모였다. 그사이 신 형사는 강수원의 아빠가 있는 교도소에 전화를 걸어 강수원이 왔다 간 사실을 확인했다. 특이한 상황은 없었다고 했다. 그리고 고속버스터미널 CCTV 자료를 확보해 강수원이 아침 9시 버스로 내려갔다 오후 4시 50분에 올라온 사실도 확인했다.

아이들도 수사 진행 상황을 보고했다. 최민국이 충분히 의심스럽지만 그가 이미 잠적해 버렸고, 추가로 확보한 증거라고는 머리카락 한 올뿐이라는 내용이었다. 그런데 머리카락을 자세히 보던 차원이가 실망한 듯 말했다.

"이건 증거가 안 되겠는데. 모근부가 없어."

하수가 놀라 얼른 증거물 봉지를 보며 확인했다.

"윽! 정말이네."

그러더니 울상이 되어 말했다.

"얼마나 힘들게 찾은 건데. 그럼 DNA 검사 못 하겠다."

하수는 실망했다. 책상 밑을 말 그대로 이 잡듯 뒤져 겨우 찾아낸 증거물인데 아무 쓸모가 없다니. 그런데 마리가 머리카락을 보더니 말했다.

머리카락의 구조

머리카락은 모근부와 모간부로 나눠져. 모근부는 두피 속에 박혀 있는 조직을 포함하는 부위를 말하는데, 모낭에 있고 많은 세포를 포함하지. 모간부는 조직이 없는 부분으로 주로 케라틴 단백으로 구성되어 있어. 또 가늘고 길고 투명한 큐티클 층과 그 아래 피질 층이 있지. 사건 현장에서 나온 머리카락으로 모근부, 머리카락 표면의 모소피무늬, 머리카락의 안쪽(수질)과 끝, 머리카락에 포함된 성분 등을 관찰, 분석하면 사건과 용의자의 관련 여부를 확인할 수 있어.

"아니야. 할 수 있어. 미토콘드리아 DNA를 분석하면 돼."

"미토콘드리아 DNA? 세포 안에 있는 미토콘드리아?"

차원이는 아는 척할 기회를 놓치지 않았다. 마리가 웃으며 설명을 덧붙였다.

"맞아. 사람의 세포에는 유전자 정보를 갖고 있는 곳이 두 곳 있어. 하나는 세포의 핵 안에 있는 핵 DNA이고 하나는 세포질 안에 있는 미세 구조인 미토콘드리아 DNA이지. 미토콘드리아는 세포 호흡에 관여하는 기관으로 호흡이 활발한 세포일수록 많은 미토콘드리아를 함유하고 있어."

그러자 하수가 눈이 동그래져 물었다.

"그럼 이 머리카락에도 미토콘드리아 DNA가 있어?"

"응. 머리카락은 자라면서 끝으로 갈수록 핵 DNA가 모두 깨지기 때문에 모근부 없이 모간부로만 핵 DNA를 분석하기는 거의 불가능해. 하지만 미토콘드리아 DNA는 분석할 수 있지. 하나의 세포에는 미토콘드리아 DNA가 수백 개씩 존재하고 그 크기가 핵 DNA와는 비교도 안 될 정도로 작기 때문에 모발이 자라도 일부가 남아 있어서 유전자 분석이 가능한 거야."

"그래? 당장 검사 의뢰하자."

그때였다. 이제껏 듣고만 있던 태산이가 하수의 말을 막았다.

"최민국이 쓰던 칫솔이라도 찾아야 되는 거 아냐? 최민국의 다른 증거물이 있어야 이 머리카락의 DNA와 같은지 비교하지."

"그야 찾아보면 되지. 마리야, 혹시 중국집에서 가져온 거 없어?"

차원이가 벌떡 일어나며 자신 있게 말했다. 하지만 마리는 고개를 저었다.

"그렇지 않아도 증거가 될 만한 게 있나 찾아봤는데 하나도 없었어. 잠적하면서 다 챙겨 간 모양이야."

그러자 차원이가 다시 말했다.

"누나네 집에는 뭐라도 남아 있겠지. 가서 찾아보자."

그 순간 마리가 소리쳤다.

"누나? 누나라고 했지? 그럼 됐어!"

"되다니? 뭐가?"

아이들이 동시에 물었다. 마리가 대답했다.

"미토콘드리아 DNA는 오직 어머니한테서 자식으로만 유전되는 물질이야. 그리고 형제자매의 유전자형이 같기 때문에 부모가 없는 경우에도 미토콘드리아 DNA를 보고 형제자매인지 확인할 수 있지. 지금처럼 현장에서 찾은 증거물의 유전자형과 용의자 가족의 유전자형을 비교해 가족 관계가 성립되는지를 보면 용의자가 현장에 있었는지 없었는지 확인할 수 있어."

차원이가 말을 받았다.

"아, 그러니까 만약 가족 관계가 성립되면 머리카락의 주인이 최민국이란 얘기고, 그럼 그날 최민국이 사장실에 들어왔었다는 증거가 될 수 있다?"

"맞아. 우린 누나 최민영의 유전자를 확보해서 비교하면 돼."

그러자 신 형사가 만족한 웃음을 띠며 말했다.

"훌륭해요. 자, 그럼 마리가 말한 대로 조사해 보세요."

아이들은 곧바로 최민영의 집으로 갔다. 최민영은 집까지 찾아온 아이들을 보고 신경질을 부렸다.

"그 녀석이 하도 일을 많이 저지르고 다녀서 나도 인연 끊고 살았어.

그러니까 나한테 자꾸 찾아 오지 마."

"머리카락 한 올이면 돼요. 수사에 협조해 주시죠."

차원이가 제법 형사티를 내며 말하자, 최민영은 할 수 없이 머리카락을 뽑아 주었다. 아이들은 곧바로 과학수사연구소에 유전자 감식을 의뢰했다.

다음 날 오후, 기다리고 기다리던 검사 결과가 나왔다. 책상 다리에서 발견된 머리카락의 유전자가 최민영의 유전자와 일치. 머리카락의 주인공이 바로 최민국으로 밝혀졌다. 전국에 최민국에 대한 수배령이 내려졌고, 이로써 강수원은 혐의를 벗게 됐다.

공 교장에게 보고하자, 공 교장은 그동안의 시름을 날려 버린 듯 밝게 웃었다.

"그래, 수고했다. 수고했어."

드디어 유치장에서 나오게 된 강수원은 아이들에게 고맙다는 인사를 했다.

"날 믿어 줘서 고마워. 흑흑흑."

 아이들은 그런 인사를 받는 게 편치 않았다. 솔직히 처음에는 다른 사람들처럼 범죄자의 아들이라는 이유로 의심했기 때문이다. 삼원정밀의 사장과 직원들도 정식으로 사과했다. 아이들은 세상의 편견이 얼마나 무서운지 깨달았다. 그리고 자신들도 그러한 편견에 쉽게 빠질 수 있다는 사실이 새삼 두려웠다. 신 형사가 말했다.
 "형사는 세상의 편견과 싸우는 직업입니다."
 맞는 얘기다. 그래야 눈을 가리는 거짓에 속지 않고 진실을 찾을 수 있을 테니까.

사건을 해결한 후 마리는 원 반장을 다시 찾아갔다. 그리고 일곱 살 때 미처 말하지 못했던 이야기를 털어놓았다.

"저 그때 범인의 뒷모습을 봤어요."

원 반장이 깜짝 놀라며 되물었다.

"정말? 그런데 왜 그때는 얘기 안 했어?"

"무서웠어요. 잠잘 때마다 그 모습이 선명하게 보여서 두려웠어요. 그때는 제가 정말 어렸었나 봐요."

원 반장은 이해한다는 듯 고개를 끄덕였다. 마리는 마치 5년 전으로 돌아간 듯 그때의 일을 생생히 떠올렸다.

"어느 순간 몸이 붕 뜨는 게 느껴졌고 곧이어 엄마의 비명 소리가 들렸어요. 제가 정신을 차렸을 땐 이미 엄마가 길가에 쓰러져 있었어요. 잠시 후 한 남자가 차에서 내려 엄마를 봤어요. 그러더니 이내 차를 타고 도망쳤어요. 키가 아주 컸고 모자를 쓰고 있었는데, 중절모 있죠? 그런 거였고, 손에 지팡이를 들고 있었어요."

"지팡이? 할아버지들이 쓰는 지팡이?"

"그런 건 아니고 다리를 조금 저는 것 같았어요."

원 반장은 재빨리 당시 수사 자료를 꺼내 용의 선상에 올랐던 사람들 중 다리를 저는 사람이 있었는지 찾았다. 그러나 없었다. 원 반장이 말했다.

"시간이 많이 지나서 찾기 힘들 거야. 하지만 해 보자."

"네."

마리는 밝게 웃었다.

집으로 돌아오는 길, 마리는 마음이 훨씬 가벼워진 걸 느꼈다. 오래된 짐을 내려놓은 기분이었다. 앞으로는 뭐든지 할 수 있을 것 같았다. 마리는 다짐했다.

'꼭 찾아낼 거야. 엄마, 기다리세요. 제가 멋지게 해낼게요.'

마리가 들려주는 사건 해결의 열쇠

범죄자의 아들이라는 편견 때문에 절도범으로 몰린 강수원. 그의 무죄를 증명할 수 있었던 것은 미토콘드리아와 DNA에 대해 잘 알았기 때문이야.

💡 세포의 구조

식물과 동물 등 생물체는 세포로 이루어져 있어. 세포는 작은 상자 모양인데 핵과 핵을 제외한 부분인 세포질로 구성되어 있지.

핵은 대부분 공 모양인데, 거대한 끈 모양이나 일정한 모양이 없는 것도 있지. 또 크기가 지름 1㎛(마이크로미터)에서 60㎛까지 생물마다 다양한데 유전 물질인 DNA로 구성된 유전자가 들어 있고, 이 유전자에는 생물의 유전 정보가 저장되어 있어.

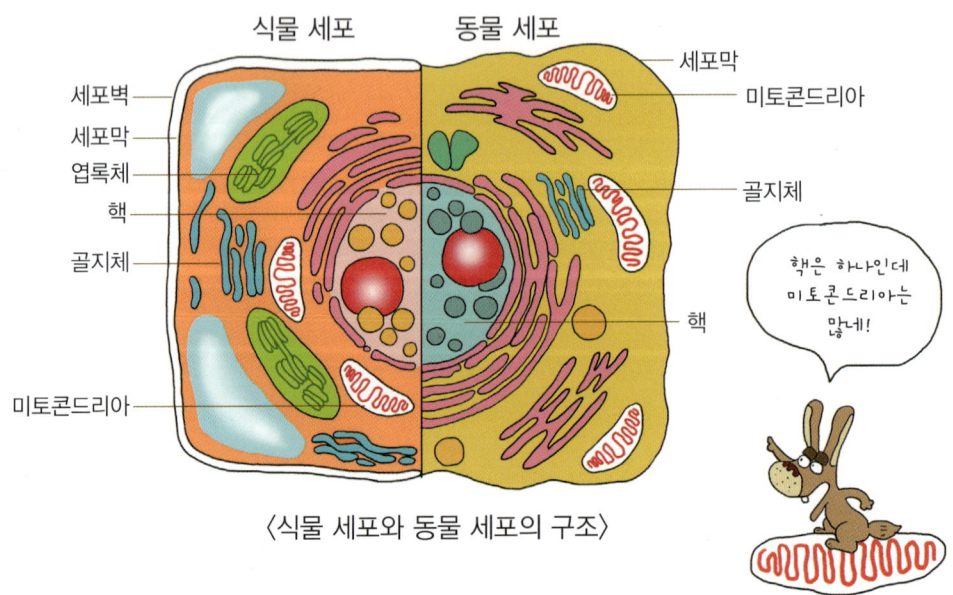

〈식물 세포와 동물 세포의 구조〉

세포질에는 엽록체, 골지체, 미토콘드리아 등이 있어. 그중 미토콘드리아는 주름이 많은 타원 모양이고 DNA를 가지고 있어. 세포 호흡에 관여하는데, 호흡이 활발한 세포일수록 많은 미토콘드리아를 함유하고 있어서 에너지를 생산하는 공장으로 불리지. 식물 세포에서는 100~200개의 미토콘드리아를 볼 수 있어. 또 줄기세포라고 불리는 세포에는 하나당 1,000~3,000개의 미토콘드리아가 있다니, 엄청나게 많지?

💡 미토콘드리아 DNA 분석

사람은 부모로부터 유전자를 물려받아. 아버지에게서 반, 어머니에게서 반을 받지. 사람의 세포에는 이러한 유전자 정보를 갖고 있는 곳이 두 곳 있는데 바로 핵과 미토콘드리아야. 지금까지 유전자 감식을 할 때 주로 핵 DNA를 분석했는데, 최근에는 미토콘드리아 DNA를 이용하는 경우도 점점 늘고 있어.

〈모계 유전의 모식도〉

부모 모두에게서 유전되는 핵 DNA와 달리 미토콘드리아 DNA는 오직 어머니한테서만 유전되는 특징이 있어. 그래서 미토콘드리아 DNA 분석은 어머니와 자식의 관계를 판단할 때나 같은 어머니에게서 난 형제자매 관계를 판단할 때 주로 사용해. 또 과학수사에도 활용되는데, 현장에서 찾은 증거물의 DNA 결과를 어머니나 형제자매의 DNA와 비교해 일치한다는 결과가 나오면 용의자가 현장에 있었다는 증거가 되지.

미토콘드리아 DNA는 부패에 견디는 확률이 높아서 부패가 심한 감정물, 오래된 유골 등에도 남아 있을 확률이 높아. 그래서 최근에는 고생물학 및 고고학 분야에서도 미토콘드리아 DNA 분석을 활용하고 있지.

미토콘드리아 DNA와 과학수사

사건 현장에서 수거된 머리카락에 모근이 있는 경우는 모근 세포에서 핵 DNA를 분리하여 쉽게 유전자형을 얻을 수 있어. 하지만 머리카락이 떨어진 지 오래되었거나 잘린 경우에는 모간부만 남게 되는데, 이때는 핵 DNA를 찾을 수 없어. 머리카락은 자라면서 끝으로 갈수록 핵 DNA가 모두 깨져 버리기 때문이야. 그렇지만 미토콘드리아 DNA는 모간부에서도 찾을 수 있어. 하나의 세포에는 미토콘드리아 DNA가 수백 개씩 있고 그 크기가 핵 DNA보다 훨씬 작아서 머리카락이 자라도 남아 있기 때문이지.

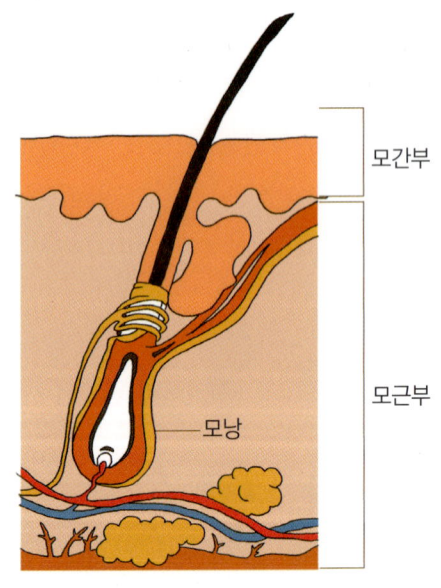

〈머리카락의 구조〉

2006년에 일어난 서래마을 냉동고 영아 살해 유기 사건도 미토콘드리아 DNA를 이용해 친생자 감정을 했어. 엄마로 추정되는 여성이 용의자였는데 이 여성은 그 아기들을 낳은 적이 없다고 우겼거든. 이때 죽은 아기들과 용의 여성이 키우고 있는 아이가 미토콘드리아 DNA가 일치한다는 사실을 밝혀냈고 친모가 범인임을 확인할 수 있었어.

　그러니까 생각해 봐. 억울한 누명을 쓸 뻔한 강수원. 그러나 집요한 조사 끝에 모간부만 있는 머리카락을 발견, 미토콘드리아 DNA를 분석해 용의자 누나의 유전자와 비교해 봄으로써 범인을 확정할 수 있게 됐고 누명을 벗겨 줄 수 있었지.

핵심 과학 원리 | 적외선

파란만장 서바이벌

"상품이요?"
아이들은 귀가 솔깃해졌다. 상품이 있다면 또 얘기가 달라진다.
아이들은 저마다 의지를 불태웠다.

1라운드

여름 방학도 거의 끝나 어느새 개학하기 3일 전. 선생님과 CSI 아이들은 1박 2일로 여름 캠프를 떠났다. 장소는 강원도 영월의 동강이었다.

동강은 강원도 정선군과 영월군 일대를 흐르는 강으로 영월군을 동서로 가르며 흘러 동쪽을 동강, 서쪽을 서강으로 부른다. 평창군 오대산에서 발원하는 오대천과 정선군 북부를 흐르는 조양강이 합류하여 흐르다가 영월군에서 서강과 만나 남한강 상류로 흘러들며, 길이는 약 65킬로미터이다. 동강은 대표적인 감입곡류 하천, 즉 산간 지역 골짜기를 깊이 파면서 흐르는 곡류 하천이다. 마치 뱀이 기어가듯 구불구불한 지형을 따라 뼝대라 불리는 기암절벽과 아름다운 풍경이 어우러져 그야말로 장관인 곳. 많은 천연기념물과 희귀동식물이 서식하는 곳으로도 알려져 있다.

아이들은 한껏 부풀어 있었다. 도착하자마자 어 교감이 말했다.

"에, 여름 캠프의 목적은 새 학기를 맞아 정신 및 체력을 단련하는 것이다."

동강은 생태계의 보고

동강에는 수많은 천연기념물과 희귀동식물이 서식하고 있어. 956종이나 되는 식물이 있는데 연잎꿩의다리, 개병풍 등은 법적 보호종이고 동강할미꽃, 대극 등은 국내에서 동강 유역에만 분포하는 신종 식물들이지. 또 수달, 사향노루, 산양, 하늘다람쥐 등 41종의 포유류가 살고 있고 호사비오리, 검독수리 등 46종의 조류가 살고 있는 말 그대로 생태계의 보고라 할 수 있지.

 말은 거창하지만 한마디로 아이들에게 생고생을 시키겠다는 말씀이었다. 갑자기 지난번 무인도에서의 일이 생각나며 어 교감이 또 어떤 황당한 계략을 꾸몄을지 걱정되기 시작했다. 어 교감이 말을 이었다.
 "지금부터 게임을 시작하겠다. 총 3라운드로 진행할 건데 페인트볼 서바이벌 게임, 래프팅, 산악자전거다. 라운드별 성적을 합산해 최종 우승자를 선발한다."
 그때였다.
 "여전하구먼."
 어디선가 들어 본 목소리. 뒤돌아보니 박춘삼 교장이었다!
 "캠프 온다고 하기에 궁금해서 와 봤지."

박춘삼 교장이 퇴임하고 내려와 사는 곳이 동강에서 멀지 않다고 했다. 공 교장이 미리 연락한 모양이었다.

"잘 오셨어요. 심심한데 심판이나 보세요."

"그거 좋지. 그럼 1등 한 사람한테는 내가 엄청난 상품을 주지."

"상품이요?"

아이들은 귀가 솔깃해졌다. 상품이 있다면 또 얘기가 달라진다. 아이들은 저마다 의지를 불태웠다.

1라운드 페인트볼 서바이벌 게임은 모의 전투 게임 중 하나로, 탄환을 맞으면 탄환 속의 물감이 터지면서 몸에 묻기 때문에 탈락자를 확실히 가릴 수 있는 게임이다.

아이들은 재빨리 탄환과 보호 장구를 착용하고 게임을 시작할 만반의 준비를 마쳤다. 어 교감이 말했다.

"최후까지 살아남는 자가 승리하는 거 알지? 지금부터 10분 후에 시작한다. 각자 몸을 숨겨라!"

빵! 박 교장이 쏜 신호탄과 함께 아이들은 사방으로 뛰기 시작했다. 일단 몸을 숨기고 적을 공격할 진지를 찾아야 한다. 언제 어디에서 탄환이 날아올지 모르니 계속 긴장해야 하는 건 물론이고, 빠른 이동과 철저한 숨기가 승패의 요건이다.

아이들은 각자 진지를 잡고 들키지 않게 몸을 숨겼다. 잠시 후, 빵! 게임 시작을 알리는 신호탄이 다시 울렸다. 이제부터 시작이다.

그런데 이상하다. 격렬한 싸움이 일어날 거라 예상했으나 조용하기만 했다. 모두들 진지에 숨어서 먼저 나서지 않는 상황. 차원이는 생각했다.

'이럴 땐 성질 급한 사람부터 움직이기 마련이지. 헤헤헤.'

5분이 지나도 아무도 움직이지 않았다. 하수는 조마조마해서 참을 수가 없었다. 마음이 급해 제일 먼저 보이는 커다란 나무 뒤에 숨었는데, 숨고 보니 뒤가 훤히 뚫린 곳이었다. 누군가 뒤에서 갑자기 나타나 쏠 것만 같아 불안했다. 그런데 옆을 보니 수풀로 가려져 뒤까지 안전해 보이는 큰 바위가 있었다.

'에이, 저기 숨을걸. 바꿀까? 아니지. 그러다 들킬지도 몰라.'

마음이 왔다 갔다 했다. 그러다 결국 참지 못하고 진지를 바꾸기로 결심했다. 주위를 둘러보고 아무도 없는 것을 확인한 다음, 쏜살같이 바위를 향해 뛰었다. 그런데 막 바위 뒤에 안착하려는 순간, 퍽! 하수의 등에서 보라색 물감이 터졌다. 총에 맞은 것이었다.

"엄마야!"

하수는 놀라 주저앉고 말았다. 그때 건너편 풀숲에서 차원이가 쏙 나오며 환호성을 질렀다.

"아싸! 잡았다. 하하하."

차원이는 풀숲에 몸을 숨기고 하수의 일거수일투족을 관찰했던 것이다. 그렇게 첫 번째 탈락자는 은하수가 되었다.

그때 차원이의 뒤쪽에서 이리저리 몸을 숨기며 잽싸게 움직이는 아이가 있었으니, 바로 한마리였다. 차원이가 등을 보인 순간 방아쇠를 당겼는데, 어떻게 알았는지 갑자기 허리를 숙이며 몸을 돌리는 차원이. 퍽! 마리의 허벅지에서 보라색 물감이 터졌다.

"으악!"

"우헤헤헤. 난 다 알고 있었지롱. 우헤헤헤."

차원이는 하수뿐 아니라 마리의 위치까지 파악하고 있었다. 먼저 움직이는 하수를 잡고 자신의 위치를 드러내 잠시 방심하는 척하면서 마리가 움직이게 한 다음, 몸을 돌려 그대로 마리를 쏜 것이었다. 하수와 마리는 차원이의 놀라운 실력에 감탄했다.

아이들이 서바이벌 게임에 열중하는 동안 선생님들은 수박 파티를 벌이고 있었다. 잘 익은 수박을 쪼개며 어 교감이 감탄했다.

"우아! 진짜 빨갛다. 잘 익었네."

"내가 키운 거야. 농약은 하나도 안 쳤어."

박 교장이 으스댔다. 공 교장이 수박을 한 입 베어 물며 말했다.

"와, 맛있다. 서장님 완전 농사꾼 체질이네요."

"그렇지? 이제야 나한테 딱 맞는 적성을 찾았다니까."

박 교장이 좋아하며 대답했다.

"그런데요, 애들은 지금 물감 터지게 싸우는데 우리끼리만 수박 먹어도 될까요?"

신 형사가 수박씨를 후 뱉으며 꽤 진지한 얼굴로 질문을 던졌다. 그런데 호랑이도 제 말 하면 온다던가.

"너무하시는 거 아니에요?"

"맞아요. 우린 싸움시켜 놓고 선생님들은 수박 드시고."

마리와 하수였다. 각각 허벅지와 등에 보라색 물감을 묻히고 잔뜩 약이 오른 표정으로 버티고 서 있었다. 공 교장이 말했다.

"벌써 죽었어? 쯧쯧쯧. 와서 수박이나 먹어라."

마리와 하수는 잽싸게 와서 앉았다. 저런 순발력이면 쉽게 죽지 않았을 텐데…….

그나저나 숲 속에서는 차원이와 태산이가 숨 막히는 심리전을 펼치고 있었다. 마리와 하수를 탈락시킨 후 차원이는 기세등등해 있었다.

"아싸! 1등은 내 거다!"

그런데 사방을 둘러봐도 태산이는 보이지 않았다. 어디 단단히 숨은 모양이었다. 차원이는 슬슬 찾아 나설까 말까 고민되었다.

반면에 태산이는 커다란 바위 뒤에 숨어서 초콜릿 바를 먹고 있었다. 아까 들린 비명 소리로 마리와 하수가 탈락한 건 알았다. 남은 아이는 고차원. 태산이는 고차원의 성격을 잘 알았다. 연속해서 두 명을 잡았으니 자신감이 넘쳐흐를 게 분명했다. 이럴 때 가만히 기다릴 차원이가 아니었다.

태산이의 예상대로 차원이가 움직이기 시작했다. 두 명을 동시에 맞했는데, 태산이 하나쯤이야 당장 맞닥뜨려도 물리칠 자신이 있었다. 그런데 한참을 찾아도 태산이가 보이지 않았다.

"도대체 어디에 숨은 거야?"

차원이는 조급한 마음에 점점 더 대담하게 행동했다. 태산이는 이때를 기다려 왔다. 초콜릿 바를 다 먹었을 때쯤 차원이의 머리가 보이기 시작했다.

'등을 돌리면 쏘는 거야.'

태산이는 기회를 노렸다. 점점 가까워지는 고차원.

"하나, 둘, 셋. 고차원!"

태산이가 벌떡 일어나며 소리치자 깜짝 놀란 차원이가 뒤로 돌았고, 태산이는 멋지게 총을 쐈다. 그러나 예상도, 총알도 빗나갔다. 차원이가 날쌔게 몸을 피하더니 재빨리 도망치는 게 아닌가.

"고차원, 거기 서!"

차원이는 도망치고 태산이는 쫓는 추격전이 벌어졌다. 가파르지는 않지만 그래도 산길을 숨 쉴 틈 없이 달리다 보니 둘 다 금세 지쳤다. 이제부터는 체력 싸움이다. 이래서 어 교감이 체력 단련을 위한 서바이벌 게임을 하겠다고 한 것일까?

5분쯤 열심히 달리고 났더니 차원이는 숨이 턱까지 차서 더 이상 못 뛸 지경이 됐다. 풀숲에 숨어 잠깐 숨을 고르는데……!

"빵!"

어느새 근처까지 쫓아온 태산이가 차원이를 향해 총을 쏜 것이었다. 그런데 또 빗나가고 말았다. 강태산, 어째 사격 실력은 별로인 듯하다. 들켜 버린 차원이도 몸을 피하면서 동시에 빵! 페인트 총을 쐈다.

"퍽!"

마침내 보라색 물감이 태산이의 어깨에서 터졌다.

"와, 이겼다!"

1라운드의 승자는 고차원. 차원이가 좋아서 방방 뛰었다. 태산이는 아쉬웠다. 차원이의 실력이 이 정도로 뛰어난 줄은 몰랐다. 너무 얕잡아 본 게 잘못이었다.

 **2라운드**

점심을 먹은 후 일행은 강가로 자리를 옮겼다. 신 형사가 다음 경기에 대해 말했다.

"2라운드는 래프팅입니다. 팀을 짜서 하는 게 아니니까 정확하게 말하면 래프팅이 아니라 더키죠."

더키란 래프팅과 비슷하지만 여러 명이 단체로 하는 것이 아니라 1~2인용 고무보트를 타고 노를 저어 급류를 헤쳐 나가는 레포츠다. 빠른 속도를 낼 수 있고, 물길이 좁고 얕은 곳에서도 탈 수 있다.

아이들은 모두 안전 장비를 착용하고 출발 준비를 했다. 신 형사가 설명했다.

"오늘 가는 코스는 12킬로미터고 당연히 가장 먼저 도착한 사람이 승자입니다. 교감 쌤이랑 내가 뒤에서 따라갈 거니까 걱정 마세요."

공 교장이 말했다.

"서장님이랑 나는 도착 지점에 먼저 가 있을게."

"나보고 심판 하라면서. 그럼 나도 경기하는 거 봐야지. 나도 탈래. 어 교감, 나랑 같이 타지."

박 교장의 얘기에 어 교감이 펄쩍 뛰며 말했다.

"싫어요. 저만 노 젓게 하실 거잖아요. 쌤이 얼마나 무거운데."

"야, 치사하다 치사해. 노인네라고 이제 막 구박하는구나!"

"푸하하하!"

모두들 웃음이 터졌다. 3기 아이들은 박춘삼 교장을 잘 모른다. 박 교장이 퇴임한 뒤에 형사 학교에 들어갔고, 입학식 즈음에 몇 번 본 게 다이기 때문이다. 그런데 오늘 보니 참 재미있는 분이라는 생각이 들었다. 결국 어 교감의 저항에 부딪혀 박 교장은 공 교장과 함께 차로 이동해 도착 지점에 가 있기로 했다.

아이들의 손이 하나, 둘, 셋, 넷 모아지고…….

"파이팅!"

힘찬 다짐과 함께 박 교장의 호루라기 소리가 들렸다. 아이들은 재빨리 각자 보트에 올랐다. 가장 먼저 도착하는 사람이 승자이니 시작부터 마음이 바빴다.

래프팅을 몇 번 해 본 차원이는 꽤 능숙하게 노를 저어 갔다. 그 뒤를 태산이가 열심히 추격했다. 남자아이들이 힘이 세서 그런지 초반 선두를 차지했다.

굽이굽이 흐르는 강을 따라 노를 젓다 보면 눈길 닿는 곳마다 비경이 펼쳐졌다. 물길 양옆에 버티고 선

동강에 동굴이 많은 이유?

동강에는 확인된 동굴만 71군데나 있어. 그 이유는 동강 유역의 지질이 4억 5000만 년 전의 거대한 석회암 지질 모암층으로 이루어졌기 때문이야. 석회암으로 이루어진 암석이 지하수에 의해 녹아 수많은 동굴이 만들어졌지. 그중 천연기념물 260호로 지정된 백룡동굴은 총 길이 1.8km에 달하는 천연 석회 동굴로 피아노형 종유석, 대형 석주, 에그프라이형 석순, 동굴방패 등 다양한 동굴 생성물이 잘 보존되어 있어.

깎아 지른 듯한 절벽을 지나가면 모래사장과 널찍한 소(호수보다 물이 얕고 진흙이 많으며 물속에서 자라는 식물이 무성한 곳)가 나타났다. 절벽 사이로 보이는 이름 모를 동굴들과 수많은 식물들. 정말 이렇게 아름다운 곳이 또 있을까 싶을 정도였다.

그런데 하수를 뺀 나머지 아이들은 1등을 하겠다는 생각으로 풍경을 다 놓치고 노 젓는 데만 열중했다. 하지만 하수는 달랐다.

"와, 저 꽃 뭐지? 와, 절벽 진짜 멋있다!"

가뜩이나 느린 아이인데 볼 걸 다 보면서 가니 영 속도가 나지 않았다. 얼마 안 돼 다른 아이들과 한참 간격이 벌어지자 하수는 맘을 비우고 구경이나 하기로 했다.

한편 선두에서는 예상대로 차원이와 태산이의 막상막하 대결이 펼쳐지고 있었다. 초반엔 노 젓기의 달인 차원이가 앞서는가 싶더니, 차원이가 조금씩 힘이 빠지자 강철 체력의 태산이가 앞질렀다. 그러다 태산이가 지치는가 싶으면 차원이가 또 잽싸게 노를 저어 앞섰다.

마리는 체력을 적당히 써 가며 자신만의 속도로 가고 있었다. 12킬로미터나 가야 되는데 초반에 힘을 빼면 끝까지 완주하기 힘들 거라 생각했다.

신 형사는 하수가 속도를 못 내는 걸 보고 하수 뒤에서 내려오기로 했고, 어 교감은 다른 아이들을 따라 앞으로 나섰다.

한참을 앞서거니 뒤서거니 하며 치열한 선두 다툼을 벌이던 태산이와 차원이. 앞으로 남은 거리는 500미터 정도였다. 태산이를 앞지르기 위해 차원이가 힘차게 노를 저었다. 그런데 다음 순간 '퍽!' 하는 소리와 함께 배가 뒤집혀 버리고 말았다. 빨리 가려는 욕심에 커다란 돌을 못 보고 그대로 부딪힌 것이다. 물에 빠진 차원이는 꾀를 냈다.

"살려 줘, 태산아! 나 수영 잘 못해."

이대로 지게 생겼으니 태산이도 못 가게 할 꿍꿍이였다. 차원이의 계획대로 태산이가 멈칫했다. 태산이는 잠깐 고민했다. 모른 척하고 가면 1등이 확실했지만 그냥 가려니 맘에 걸렸다. 할 수 없이 태산이는 천천히 노를 저어 차원이에게 갔다. 그리고 차원이의 배를 같이 뒤집어 주었다. 그때였다.

"나 먼저 간다!"

마리가 싱긋 웃으며 지나갔다. 줄곧 3위로 따라오던 마리가 마지막 스퍼트를 내기 시작한 것이다.

"야, 치사하게 그러는 게 어디 있어?"

차원이는 계획이 틀어지자 얼른 배에 올라탔다. 태산이도 그제야 차원이의 속셈을 눈치채고 재빨리 배를 돌려 출발했다. 그러나 둘 다 초반에 체력을 많이 써 버린 탓에 속도가 잘 나지 않았다.

그 시간, 도착 지점에서는 박 교장과 공 교장이 기다리고 있었다. 그늘에 앉아 부채질을 하며 누가 먼저 들어오나 보는데, 드디어 첫 번째 배가 나타났다. 박 교장이 벌떡 일어나며 소리쳤다.

"왔다! 마린데! 녀석, 대단한걸!"

박 교장이 신기한 듯 말하자 공 교장도 두둔했다.

"씩씩한 녀석이에요. 우리 미혜랑 참 많이 비슷해요."

"그래, 그런 것 같군. 미혜도 씩씩했지. 겁도 없고. 맞다, 이쯤이 미혜 생일 아니었던가?"

"네. 그저께였어요."

"다음에 서울 가면 그 녀석한테 한번 들러야겠구먼."

곧 열심히 뒤따라오는 태산이랑 차원이도 보였다. 공 교장이 자리에서 일어나며 말했다.

"태산이랑 차원이도 오네요."

하지만 최종 승자는 한마리였다.

"유후! 내가 1등이다!"

배에서 내린 마리는 폴짝폴짝 뛰면서 좋아했다. 2등은 강태산, 3등은 고차원. 차원이는 꾀를 쓰다 1등은커녕 3등을 하게 돼 바짝 약이 올랐다. 하수는 한참 뒤에야 도착했다. 물론 4등이었다. 하지만 다른 아이들은 못 본 동강의 절경을 만끽했으니 하수는 그걸로 만족했다.

3라운드

일행은 곧바로 3라운드를 진행하기 위해 정선의 가리왕산으로 이동했다. 3라운드는 산악자전거를 타고 19.3킬로미터 길이의 산길을 달리는 경기였다. 어 교감이 말했다.

"예상보다 시간이 많이 지체됐어. 어두워지기 전에 내려와야 되니까 속력들 내라."

이번에는 신 형사가 앞장서고 어 교감이 제일 뒤에서 내려오기로 했다. 역시 교장 쌤들은 도착 지점에서 기다리기로 했다.

차원이는 맘을 굳게 먹었다. 2라운드에서 승리해 우승을 굳히려 했으나 맘대로 되지 않았다. 그래도 1승은 했으니 이번 라운드만 잘하면 우승할 가능성이 있다.

박 교장의 호루라기 소리에 맞춰 아이들이 동시에 출발했다. 이번에도 하수는 꼴찌였다. 평지에서도 자전거를 잘 못 타는데 산악자전거라니, 오늘 제일 고생하는 아이가 바로 하수다. 하수는 엉덩이가 자꾸 들썩거렸고, 기우뚱 넘어지려는 자전거를 가까스로 타고 갔다. 해가 기울면서 제법 선선해졌는데도 온몸에서 땀이 솟아올랐다.

그런데 차원이는 시작부터 선두를 태산이에게 빼앗겼다. 태산이는 거의 선수로 나가도 될 만큼 거친 산길을 쌩쌩 내달렸다. 그런 태산이에게 차원이는 기가 눌려 버렸다.

'이대로 질 수는 없어.'

하지만 역전이 쉽지 않을 것 같았다. 차원이는 다시 꾀를 냈다.

바로 지름길로 가기. 두 갈래로 갈라지는 갈림길이 나왔는데, 태산이가 먼저 지나치고 뒤이어 차원이가 지나가게 됐다. 차원이는 태산이를 앞서는 방법은 이것뿐이라고 생각하고 험하지만 빠른 지름길을 택했다. 그리고 결국 태산이를 앞질렀다.

'헤헤. 따라올 테면 따라와 봐.'

두 갈래로 갈라졌던 길은 곧 다시 하나로 이어졌다. 놀랍게도 차원이가 태산이보다 무려 100미터나 앞서 달리고 있었다. 다급해진 태산이도 페달을 열심히 밟았지만 따라잡기가 쉽지 않았다. 그런데 얼마 안 가 또다시 갈림길이 보였다. 한쪽에는 표지판이 있고, 다른 쪽에는 없었다. 차원이는 조금도 망설이지 않고 표지판이 없는 길로 향했다.

'지름길로 한 번 더 가는 거야.'

다른 길보다 좁고 험해 보였지만 그래도 그 길을 택했다. 방금 전에도 지름길로 가서 태산이를 앞질렀으니 이번엔 간격을 더 벌려 놓으리라 생각했다. 그래서 꼭 1등을 하고 싶었다!

뒤따라가던 태산이는 표지판도 없는 길로 빠지는 차원이를 봤다.

'아까도 지름길로 가더니, 이번에도 꼼수를 쓰네.'

아무튼 잔머리 하나는 대단한 아이라고 생각했다. 태산이도 갈림길이 가까워지자 지름길로 갈까 큰길로 갈까 고민이 됐다. 그러다 결국 큰길을 택했다. 어차피 도착 지점에 닿으려면 멀었으니 속도를 유지하는 게 낫겠다 싶었다.

곧이어 마리도 표지판을 따라갔고 한참 뒤에 뒤따라온 하수도 마찬가지였다.

정신없이 달리던 아이들은 좀 너무하다는 생각이 들었다. 아무리 정신과 체력을 단련하기 위한 캠프지만 하루에 하나만 해도 힘든 경기를 한꺼번에 세 가지나 시키다니 말이다. 게다가 서로 경쟁을 붙여, 죽기 살기로 하게 하는 효과까지! 아이들은 점점 더 엉덩이에서 불이 나고 팔, 다리, 허리, 어깨까지 온몸이 쑤셔 오는 것 같았다. 하지만 해가 지기 시작하자, 급격히 어두워지는 산길. 1등은 둘째 치고 깜깜해지기 전에 내려가야 한다는 생각에 속도를 줄일 수 없었다.

표지판이 없는 길로 들어간 차원이는 기분이 좋았다. 우승은 맡아 놨다는 생각에 열심히 페달을 밟았다. 그런데 갑자기 눈앞에 이상한 길이 나타났다. 차원이는 급히 브레이크를 잡았지만 한발 늦었다. 끊어진 길. 낭떠러지였던 것이다. 차원이의 몸이 공중으로 붕 떴다.

"으악!"

차원이는 짧은 비명 소리와 함께 그대로 떨어지면서 기절했다. 주머니에 있던 휴대전화도 떨어져 부서졌다. 큰일 났다. 점점 어두워지는 숲 속에서 기절한 차원이. 이를 어찌한단 말인가!

차원이의 상황을 전혀 모르는 다른 아이들은 마지막 도착 지점을 향해 내달리고 있었다. 태산이는 지름길로 간 차원이가 자기 앞으로 불쑥 끼어들 것 같아 불안했다. 그런데 이상하게 도착 지점이 가까워지도록 소식이 없었다.

'지름길이 아니었나 보군. 푸하하하.'

태산이는 속으로 쾌재를 불렀다. 아까 2라운드에서도 차원이에게 속아 1등을 놓쳤다. 이번에도 자꾸 꾀를 쓰는 차원이가 좀 얄미웠는데 결국 3라운드에선 1등을 차지한 것이다.

"와, 좋았어! 아자, 아자!"

평소에 감정 표현을 잘 안 하는 태산이도 좋긴 좋은가 보다. 펄쩍펄쩍 뛰고 환호성을 질렀다. 잠시 후 마리가 들어왔고, 좀 더 있다 하수가 자전거를 끌고 절뚝거리며 들어왔다. 온몸이 땀범벅이었다. 모두 놀라 뛰어갔다.

"어떻게 된 거야? 다쳤어?"

"넘어져서 무릎이 조금 까졌어. 그런데 나 또 꼴찌지?"

하수가 창피한 듯 묻자 마리가 얼른 대답했다.

"아니야. 너 3등이야. 차원이가 아직 안 들어왔어."

"와! 정말?"

하수는 자기가 또 꼴찌인 줄 알았다. 뒤따르는 사람은 어 교감밖에 없었기 때문이다. 드디어 꼴찌를 면한 게 하수는 기뻤다.

마지막으로 어 교감까지 내려오자 그제야 뭔가 이상하다는 생각이 들었다. 박 교장이 물었다.

"차원이는?"

"차원이 안 내려왔어요? 내가 마지막인데."

태산이는 차원이가 다른 길로 간 걸 말했다.

"아까 지름길로 갔어요. 16킬로미터 지점에서 지름길로 빠지더라고요. 그래서 전 차원이가 먼저 내려온 줄 알았어요."

"그 얘기를 왜 이제 해?"

어 교감이 놀라 태산이를 큰소리로 나무랐다. 그리고 재빨리 차원이의 휴대전화로 전화를 걸었다. 그런데 전화기가 꺼져 있다는 안내만 반복해서 들려왔다. 차원이에게 무슨 일이 생긴 게 분명했다. 모두 가슴이 쿵 내려앉았다.

 사라진 차원이

지름길로 갔다가 길을 잃었나? 아니면 다쳐서 움직이지 못하나? 배터리가 다 닳았을지도 모르지만 휴대전화가 꺼져 있는 것도 이상하다.

태산이는 자기 때문에 차원이가 위험해졌다는 생각에 괴로웠다. 지름길로 가는 건 못 말렸더라도 내려와서 차원이가 안 보였을 때 바로 얘기했어야 했다. 1등이라고 좋아하다 다 잊어버린 게 바보같이 느껴졌다.

공 교장이 명령을 내렸다.

"어떻게 된 건지 어 교감이랑 신 형사가 다시 올라가 봐. 우리는 여기서 기다릴 테니까."

"저희도 갈게요."

아이들도 따라가고 싶어 했다. 차원이가 걱정된다며 공 교장에게 꼭 같이 가게 해 달라고 부탁했다. 하지만 이미 산속은 어둑어둑해져 10미터 앞도 잘 보이지 않는 상황. 공 교장은 어떻게 하는 게 좋을지 잠시 생각했다.

"정 그렇다면 어 교감이랑 마리, 신 형사랑 태산이가 같이 가. 하수는 다쳤으니까 여기서 기다리고."

아이들과 형사들은 손전등 빛에 의지해 산길을 올라가기 시작했다.

"차원아! 고차원!"

목 놓아 부르는 소리가 산골짜기로 울려 퍼졌다. 태산이는 자꾸 불길한 느낌이 들었다. 차원이한테 큰일이 일어난 것만 같았다. 지름길로 갈 때 어떻게든 말릴걸 하는 후회가 머릿속을 떠나지 않았다. 태산이의 마음을 읽었는지 신 형사가 위로했다.

"괜찮을 거예요. 똑똑한 친구니까."

거의 3킬로미터를 다시 걸어 올라가야 했다. 자전거로 내려올 때는 빨랐는데, 반대로 올라가려니 정말 멀었다. 한참을 걸어 겨우 갈림길에 도착했다. 어 교감과 마리는 혹시 차원이를 만날까 싶어 다시 왔던 길을 되돌아가기로 하고, 신 형사와 태산이만 차원이가 간 길로 접어들었다.

처음에는 괜찮더니 갈수록 좁아지는 길. 그렇게 20분쯤 걸었더니 점점 어디가 어딘지 모르게 돼 버렸다. 계속 가다가는 신 형사와 태산이까지 길을 잃을 지경이었다.

"일단 내려와."

공 교장에게 전화해 상황을 보고하자 공 교장이 철수 명령을 내렸다. 태산이가 놀란 눈으로 물었다.

"차원이는요?"

신 형사가 대답했다.

"더 가는 건 위험해요. 일단 내려가서 다른 방법을 생각해 보죠."

태산이는 아무 말도 하지 못했다. 다 자기 탓인 것 같았다. 평소 잘난 척 대마왕 고차원을 좋아하지는 않았다. 가만히 좀 놔뒀으면 좋겠는데 사사건건 참견해서 귀찮기도 했다. 하지만 무인도에 갔을 때 차원이도 그동안 자신 때문에 스트레스를 많이 받았다는 걸 처음 알았다. 한 번 티격태격하고 나니 훨씬 가까워진 느낌도 들었다.

솔직히 경쟁심이 있었다는 것도 인정한다. 같은 남자라서 그런지 차원이한테는 지기 싫었다. 그렇지만 이런 식으로 이기고 싶지는 않았다. 하지만 한 치 앞도 보이지 않는 칠흑 같은 산길에서 태산이는 더 이상 아무것도 할 수 없었다.

더듬더듬 산길을 내려온 신 형사와 태산이는 다른 사람들과 합류했다. 이미 밤 12시가 되어 가고 있었다. 하수는 눈물을 흘렸다.

"다친 건 아니겠지? 차원이 어떡해. 흑흑흑."

마리도 눈물이 날 것 같았다. 하지만 꾹 참고 하수를 위로했다.

"괜찮을 거야. 어두워져서 날이 밝을 때까지 기다리는 거 아닐까?"

그랬으면 좋으련만. 만약 아니라면?

그사이 공 교장이 인근 경찰서에 지원을 요청했지만 대답은 예상대로였다. 너무 어두워 수색이 불가능하다는 것. 날이 밝을 때까지 기다려야 된다는 대답이었다.

모두 다 모이자 공 교장이 명령했다.

"일단 숙소로 돌아가라."

"교장 쌤은요?"

"난 여기서 기다릴게. 차원이가 늦게라도 내려올지 모르니까."

"저희도 기다릴게요."

아이들이 동시에 말했다.

"안 돼. 명령이야. 날 밝자마자 수색 시작할 거니까 그때 와."

단호한 공 교장의 말에 아이들은 더 이상 아무 말도 할 수 없었다. 어 교감이 공 교장을 따라 남고 신 형사와 박 교장 그리고 아이들은 숙소인 콘도로 발길을 돌렸다.

숙소로 가는 내내 아이들은 아무 말도 하지 않았다. 여자아이들의 눈에는 눈물이 그렁그렁했다. 무서운 생각이 자꾸 들었다. 그 험한 곳에 차원이를 두고 자신들만 따뜻하고 편안한 곳으로 들어가는 게 마음 아팠다. 여자아이들은 풀이 죽은 채로 현관으로 들어갔다.

태산이는 한참 뒤처져 걸었다. 마음속에선 죄책감이 더 커졌다. 다치지 않았다 해도 산속에서 보내는 밤은 춥다. 어떤 동물이 어디에서 나타날지 모른다. 태산이는 자신이 차원이를 위험한 곳으로 몰아넣은 것만 같아 괴로웠다. 앞서 걷던 박 교장이 되돌아와 태산이의 어깨에 손을 얹으며 위로했다.

"너 때문에 일어난 일이 아니니 자책하지 말아라."

태산이는 아무 대답도 할 수 없었다.

'어떻게든 빨리 찾아야 하는데 방법이 없을까?'

그런데 바로 그 순간, 눈앞에서 숙소의 현관 유리문이 닫히려다 다시 벌컥 열렸다. 태산이는 깜짝 놀라 위를 쳐다봤다. 자동문이었다. 문이 닫히려는 순간, 태산이가 들어가려고 하자 얼른 다시 열린 것이다. 태산이는 자동문 안으로 들어섰다. 그러다 멈칫하며 위를 올려다보았다. 안쪽의 센서가 작동되어 다시 문이 열렸다.

'그래! 그 방법이 있었지!'

태산이가 갑자기 소리쳤다.

"적외선이에요, 적외선!"

앞서 가던 사람들이 태산이를 돌아봤다. '갑자기 무슨 소리야?' 하는 표정. 태산이가 다급하게 외쳤다.

"쌤! 이 근처에 혹시 공군 기지가 있나요?"

그러자 신 형사 대신 박 교장이 대답했다.

"있어. 그런데 왜?"

하지만 태산이의 대답을 듣기도 전에 박 교장도 무슨 얘긴지 감이 왔다. 적외선이 필요하다.

"왜 그 생각을 못 했지?"

곧이어 신 형사도 뭘 말하는지 알아차렸다. 신 형사가 말했다.

"적외선 탐지 장치가 장착된 헬기가 있을까요?"

"알아봐야지."

박 교장은 어디론가 재빨리 전화를 걸었다. 여자아이들은 갑자기 적외선은 뭐고, 헬기는 또 왜 찾는지 어리둥절했다. 마리가 물었다.

"적외선 탐지 장치가 있으면 차원이를 찾을 수 있어?"

그러자 태산이가 대답했다.

"응. 적외선은 가시광선보다 파장이 긴 빛이고 열을 가진 모든 물체는 적외선을 내보내. 절대 0도가 아닌 이상 물체는 적외선을 방출하지. 물론 사람도 마찬가지야. 자동문에 사용되는 적외선 센서는 적외선으로 물체의 움직임을 감지해서 자동으로 문을 열어 줘. 1초에 30센티미터 이상 움직이는 것들을 감지하게 되어 있어. 물체가 움직이면 센서가 감지하는 적외선의 세기가 변하거든."

"그럼 적외선 탐지 장치를 이용해 산속을 뒤지면 차원이를 찾을 수 있는 거야?"

하수의 질문에 태산이가 연이어 대답했다.

"가능해. 적외선 탐지 장치는 물체가 온도에 따라 복사하는 적외선을 눈으로 볼 수 있게 영상화해 주는 장치거든. 군대에서는 적을 경계하거나 감시하고 정찰하는 데 쓰여. 0.5도의 온도차까지 식별할 수 있고 밤에도 사용할 수 있지. 그러니까 적외선 탐지 장치가 장착된 헬기만 있으면 차원이를 찾을 수 있을 거야."

그때였다. 박 교장이 전화를 끊고 다급하게 말했다.

"있다는구나. 가자!"

정말 다행이다. 차원이를 찾을 수 있다는 희망에 모두들 생기를 되찾았다. 재빨리 차에 올라 공 교장에게도 소식을 알렸다. 다행히 멀지 않은 곳에 공군 기지가 있었고, 아이들이 도착했을 때는 벌써 헬기가 이륙 준비를 마치고 있었다. 대대장이 말했다.

"헬기에는 두 명만 더 탈 수 있습니다."

아이들이 동시에 나섰다.

"저요. 제가 탈게요."

그러자 신 형사가 말했다.

"저랑 태산이가 가겠습니다."

박 교장이 허락하자 신 형사와 태산이는 재빨리 헬기에 올랐다. 헬기가 요란한 소리를 내며 날아올랐다. 박 교장과 마리, 하수는 일단 기지에서 기다리기로 했다.

헬기가 이륙한 지 5분도 안 돼 가리왕산에 도착했다. 깜깜한 밤인 데다 산림이 울창해 잘 보이지 않았지만 조종사는 노련한 솜씨로 저공비행하며 적외선 탐지 장치를 작동시켰다.

잠시 후 탐지 장치에 빠르게 움직이는 생물체가 잡혔다.

"어, 하나 잡혔어요."

"날쌔게 움직이는 거 보니까 산짐승 같은데."

아쉬웠다. 다시 5분쯤 이리저리 찾아다닌 끝에 뭔가가 또 잡혔다. 움직이지 않는 생명체. 사람이었다. 태산이가 소리쳤다.

"차원이예요!"

조명등을 비춰 살펴보니 차원이가 입고 있었던 하얀색 티셔츠가 눈에 띄었다. 차원이도 불빛과 프로펠러 소리 때문에 정신이 들었는지 갑자기 소리치기 시작했다.

"여기요. 여기 있어요. 살려 주세요!"

"찾았어요. 차원이, 찾았어요."

태산이는 저도 모르게 눈물이 주르륵 흘렀다. 신 형사는 재빨리 줄을 몸에 묶고 내려갈 준비를 했다. 조종사가 헬기를 한자리에 고정시키고 문을 열자 신 형사는 거침없이 단번에 뛰어내렸다. 줄이 점점 내려가고, 신 형사는 점점 더 땅에 가까이 다가갔다. 그리고 마침내 차원이가 있는 곳에 발이 닿았다. 신 형사가 차원이의 상태를 살피며 물었다.

"괜찮아요? 다친 데 없어요?"

"허리가 조금 아파요."

차원이가 가리키는 곳을 보니, 나뭇가지에 긁힌 상처에 피가 맺혀 있었다. 차원이가 울먹이며 말했다.

"기절했었어요. 깨어 보니 이미 깜깜해졌더라고요. 휴대전화도 부서졌고. 괜히 이리저리 헤매면 더 찾기 힘들 것 같아서 가만히 있었어요."

"잘했어요. 이제 괜찮아요."

신 형사는 얼른 구조 그물에 차원이를 태웠다. 그리고 끌어올리라는 손짓을 했다. 차원이를 태운 그물이 헬기로 천천히 올라왔다. 태산이는 가슴이 뛰었다. 조금만 더 올라오면 된다. 드디어 차원이가 헬기 안으로 올라왔다.

태산이는 얼른 줄을 풀어 주며 말했다.

"잘했어. 정말 잘했어."

그러고는 담요로 차원이를 덮어 주며 물었다.

"다친 덴 없어?"

"괜찮아."

신 형사도 무사히 올라왔다. 헬기는 곧바로 병원으로 향했다. 병원 옥상에 헬기가 착륙하자, 대기하던 의사와 간호사들이 차원이를 응급실로 데려갔다. 신 형사는 공 교장과 박 교장에게 연락해 상황을 보고했다.

차원이가 정밀 검진을 받는 동안 모두 응급실 앞에 모였다. 행여 크게 다쳤을까 봐 조마조마했다. 잠시 후 의사가 검진 결과를 전했다.

"허리와 팔, 다리 부분에 타박상과 찰과상이 있는 걸 제외하면 큰 문제는 없어 보입니다."

정말 다행이었다. 아이들과 형사들이 우르르 응급실로 들어갔다. 차원이가 침대에서 일어나 앉으며 말했다.

"죄송해요."

공 교장이 차원이의 어깨를 두드려 주었다.

"괜찮아. 무사하니까 됐어."

마리가 말했다.

"고차원, 너 못 보는 줄 알았잖아."

하수도 눈물을 글썽였다.

"많이 다친 줄 알고 엄청 걱정했어."

"이런! 너희 진짜 괴로웠겠다. 나 없는 너희의 삶은 팥 없는 팥빙수이자 방학 없는 여름인데. 그치?"

"뭐?"

마리와 하수가 눈을 흘겼다. 어 교감이 차원이의 머리를 뒤죽박죽으로 헝클어뜨리며 말했다.

"이 녀석, 농담하는 거 보니까 멀쩡하네."

"아, 아파요!"

"아파? 어디? 여기? 요기?"

"에이, 농담이에요. 헤헤헤."

"으이그! 이 녀석!"

결국 끝까지 살아남기 서바이벌의 최종 우승자는 없었다. 하수를 뺀 세 명이 한 번씩 1승을 했으니 말이다. 차원이가 궁금한 듯 물었다.

"그런데 1등 상품은 뭐였어요?"

박 교장이 대답했다.

"으응, 우리 집 1박 숙박권."

"네에?"

모두들 황당한 표정. 겨우 그걸 위해 여태껏 아등바등 애썼단 말인가. 아이들의 반응에 박 교장이 덧붙였다.

"조식 뷔페권도 있었는데?"

"쌤! 하하하하!"

파란만장한 서바이벌 게임은 그렇게 끝이 났다. 낮에는 게임하느라, 밤에는 차원이 찾느라 잠도 못 자고 힘들었지만 1박 2일 동안의 첫 여름 캠프는 아이들에게 영원히 잊지 못할 시간으로 기억될 것이다.

태산이가 들려주는 사건 해결의 열쇠

산속에서 사라져 버린 차원이. 밤이 깊어 더 이상 찾을 수 없게 되었을 때 깜깜한 산속에서 차원이를 찾을 수 있었던 것은 적외선에 대해 잘 알았기 때문이야.

💡 파장에 따른 빛의 구분

이 세상에는 여러 가지 빛이 있어. 우리 눈에 보이는 빛도 있지만 보이지 않는 빛도 있지. 이러한 빛들은 마치 바닷가의 파도처럼 주기적으로 반복되는 진동, 즉 파동의 형태로 전달되는데 파동의 제일 꼭대기를 마루, 제일 낮은 곳을 골이라고 부르지. 또 마루와 마루 사이, 골과 골 사이의 거리를 파장이라고 하는데 이 거리가 길면 파장이 길고, 짧으면 파장이 짧다고 해.

우리가 눈으로 볼 수 있는 빛인 가시광선은 파장이 0.38~0.75㎛(마이크

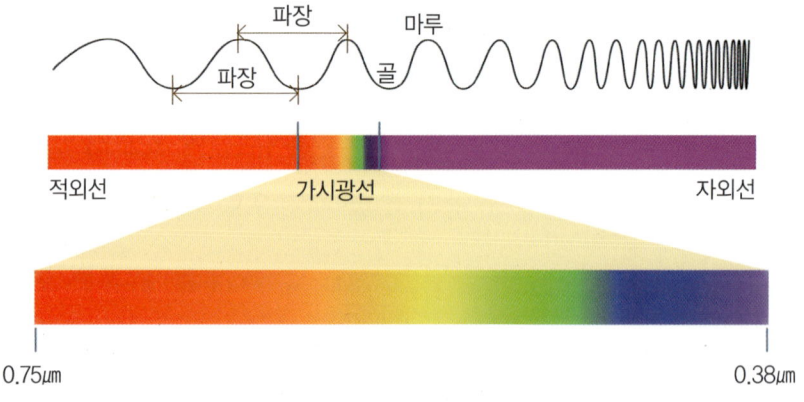

〈빛의 스펙트럼〉

로미터) 정도 돼. 그것보다 파장이 긴 적외선(0.75~1000㎛)과 파장이 짧은 자외선(0.1~0.38㎛)은 눈으로 볼 수 없지.

 햇빛이나 전등 빛 같은 가시광선은 그냥 보기에는 색깔이 없는 것 같지만 유리로 만든 프리즘을 통과시키면 일곱 가지 색깔로 분리되어 나와. 파장이 가장 긴 빨간색부터 주황색, 노란색, 초록색, 파란색, 남색 그리고 파장이 가장 짧은 보라색까지, 일곱 가지 무지개 색으로 분리되지.

 가시광선보다 파장이 짧은 자외선은 가시광선의 보라색(자색) 바깥에서 나와서 '자외선'으로, 가시광선보다 파장이 긴 적외선은 빨간색(적색) 바깥에서 나와서 '적외선'으로 부르게 됐어.

💡 적외선이란?

 빛은 일반적으로 파장이 짧으면 반사가 잘 되고, 파장이 길면 물체에 도달했을 때 잘 흡수되는 성질이 있어. 그래서 파장이 긴 적외선은 침투력이 강하기 때문에 적외선을 쐬면 몸이 따뜻해지는 걸 느낄 수 있지.

예를 들어 30℃의 물속에서는 따뜻한 기운을 거의 느끼지 못하지만, 같은 온도에서 햇빛을 쬐면 몸이 더워지는 게 느껴져. 그 이유는 햇빛 속에 포함된 적외선이 피부 깊숙이 침투하여 열을 전달하기 때문이야. 이처럼 적외선은 가시광선이나 자외선에 비해 강한 열작용을 가지고 있어서 '열선'이라고도 불러.

적외선의 다양한 이용

열을 가진 모든 물체는 적외선을 내보내. 절대 0도가 아닌 이상 물체는 적외선을 방출하지. 적외선의 이런 성질을 이용한 장치가 다양하게 쓰이고 있는데 대표적인 게 바로 적외선 센서와 적외선 감지 장치지.

자동문에 사용되는 적외선 센서는 1초에 30센티미터 이상 움직이는 것들을 감지하게 되어 있어. 사람이 움직이면 센서와의 거리와 센서를 향하는 부분이 달라져서 센서에 도달하는 적외선의 세기가 달라지는 걸 이용하는 거지. 그러니까 적외선 센서는 적외선을 내는 것이 아니라 물체가 내는 적외선의 세기나 세기의 변화를 감지하는 장치야.

〈적외선 센서〉

적외선 탐지 장치는 물체의 열을 감지하고 그 온도 분포를 영상으로 처리해 사람이 물체의 모양을 볼 수 있게 한 장치야. 물체가 발산하는 적외선을 탐지하여 물체와 배경 사이의 온도차를 알 수 있게 보여 줘. 마이크로파, 레이저 등을 쓰기도 하는데, 적외선 탐지 장치는 0.5℃의 온도차까지 식별할 수 있고 야간에도 사용할 수 있기 때문에 더 많이 쓰이고 있지.

그 외에도 적외선은 공산품, 농수산품을 건조하고 가열하는 데 사용하고, 의료 분야에서는 소독이나 멸균, 관절 및 근육 치료에 많이 사용되고 있어. 또 파장이 10㎛인 적외선 레이저빔은 외과 수술, 종양의 제거, 신경의 연결 등에도 사용되고 있지.

〈적외선 감지 장치〉

그러니까 생각해 봐. 산악자전거를 타던 중 지름길로 사라져 버린 차원이를 한밤중 산속에서는 도저히 찾을 길이 없었지. 마침 자동문의 적외선 센서를 보고 적외선 탐지 장치를 생각해 냈고, 그걸 이용해서 차원이를 무사히 구할 수 있었던 거야.

CSI, 함께 놀며 훈련하다!

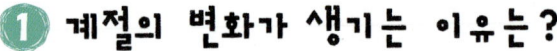

❶ 계절의 변화가 생기는 이유는?

지구의 자전축이 23.5도 기울어져 돌기 때문에 계절의 변화가 생겨. 실험으로 확인해 볼까?

• 준비물 •
스티로폼 공 긴 꼬치
스티커 갓 없는 전등

❶ 공의 가운데에 적도를 그리고, 직각이 되게 꼬치를 꽂아 자전축을 만든다.

❷ 스티커로 우리나라와 호주의 위치를 표시한다.

❸ 전등을 켜고 자전축을 똑바로 한 채 공을 돌려 본다.

❹ 자전축을 기울인 채 공을 돌려 본다.

자전축을 똑바로 해서 돌리면 빛은 항상 같은 곳을 비추지. 하지만 자전축을 기울여서 돌리면 빛은 어떤 곳은 수직으로, 어떤 곳은 비스듬하게 비춰. 이때 수직으로 비추는 곳이 햇빛을 더 많이 받아서 기온이 더 높고 그래서 계절의 변화가 생기는 거야. 호주와 우리나라는 계절이 반대야.

② 달의 모양이 달라 보여요

우리나라와 호주의 달 모양은 좌우가 바뀌어 보인다고 했지? 공과 손전등을 이용하면 간단하게 알 수 있어.

• 준비물 •
작은 공   손전등

❶ 탁자 위에 공을 올려놓고, 불을 끈다.

❷ 공의 한쪽에 손전등을 놓고 켠다.

❸ 탁자 앞에서 공의 밝은 부분의 모양을 보고, 탁자 반대편으로 돌아가 공의 밝은 부분의 모양을 본다.

관찰하는 위치에 따라 공의 밝은 부분의 모습은 같지만 좌우가 바뀌어 보이지? 달 모양도 마찬가지야. 같은 달의 모양도 북반구에 위치한 우리나라에서 볼 때와 남반구에 위치한 호주에서 볼 때는 좌우가 바뀌어 보여.

차원이랑 함께하는 신기한 놀이

① 산소가 필요해

연소가 일어나려면 꼭 필요한 것이 무엇일까? 바로 산소야. 산소가 많을수록 불꽃은 더 오래 탈 수 있지.

• 준비물 •

같은 크기의 양초 도막 3개

유리컵 큰 것, 작은 것 1개씩

❶ 양초 도막에 불을 붙인다.
위험하니까 꼭 어른과 함께한다.

❷ 하나는 그대로 두고, 다른 하나에는 작은 컵을 씌운다.

❸ 마지막 하나에는 큰 컵을 씌운다.

❹ 불이 꺼지는 순서를 관찰한다.

작은 컵 안의 양초가 가장 먼저 꺼지고 그 다음은 큰 컵, 그냥 둔 양초는 일부러 끄지 않는 한 꺼지지 않지? 그건 바로 산소의 양 때문이야. 작은 컵에 가장 적은 양의 산소가 있었기 때문에 컵 안의 산소가 가장 빨리 없어져 불이 가장 먼저 꺼진 거지.

❷ 소화기 만들기

이산화탄소는 불을 끄는 성질이 있어. 이산화탄소를 발생시키는 작은 소화기를 함께 만들어 볼까?

뚜껑의 구멍에서 하얀 거품의 액체가 부글부글 나오는 것을 볼 수 있지? 바로 식초와 베이킹파우더가 만나 화학 반응을 일으켜 이산화탄소가 생겼기 때문이야. 이산화탄소는 불을 끄는 성질이 있기 때문에 소화기에 쓰여.

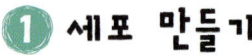 마리랑 함께하는 신기한 놀이

① 세포 만들기

세포의 구조에 대해 잘 알기 위해서는 직접 만들어 보는 게 최고지. 같이 만들어 볼까?

준비물: 작은 접시, 고무찰흙, 이쑤시개, 이름표 스티커

❶ 접시 위에 고무찰흙을 납작하게 편다.

❷ 식물 세포와 동물 세포의 구조 그림(128쪽)을 보고 핵, 미토콘드리아, 엽록체 등의 모양을 따라 만든다.

❸ 이름표 스티커에 각각의 이름을 써서 이쑤시개에 붙인다.

❹ 만들어 놓은 세포소기관을 접시 위에 놓고, 이름표를 꽂는다.

세포의 크기는 매우 작지만 그 안에는 여러 가지 기관들이 들어 있어. 이를 '세포소기관'이라고 하지. 그중에서 핵과 미토콘드리아에는 유전 물질이 들어 있어 아주 중요한 기관이라 할 수 있지.

❷ 힘센 장사 머리카락

머리카락은 가늘고 얇지만 생각보다 힘이 세. 얼마나 힘이 센지 한번 알아볼까?

❶ 긴 머리카락을 준비해 한쪽 끝은 나무젓가락 가운데에, 다른 쪽 끝은 집게의 고리 부분에 테이프로 고정한다.

❷ 비닐봉지 가운데에 집게를 꽂고 나무젓가락을 든다.

❸ 봉지에 구슬을 하나씩 넣으면서 몇 개까지 버티나 살펴본다.

어때? 예상보다 많은 구슬을 들 수 있지? 머리카락은 생각보다 꽤 튼튼해. 하지만 모발은 자연적으로 떨어지는 게 많아. 그래서 아무리 조심한다고 해도 사건 현장에 범인의 모발이 떨어져 있는 경우가 생기고, 이건 아주 좋은 증거물이 되지.

태산이랑 함께하는 신기한 놀이

❶ 파동을 만들어요

파동을 만들어서 빛이 어떻게 전달되는지, 파장이 무엇을 말하는지 알아볼까?

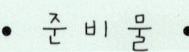

줄넘기

❶ 줄넘기의 한쪽 끝을 문고리에 묶는다.

❷ 다른 쪽 끝을 잡고 살짝 흔들며 줄넘기의 줄이 움직이는 모양을 본다.

❸ 천천히 또는 빠르게 움직이며 줄의 변화를 본다.

빛은 파동의 형태로 전달돼. 줄을 잡고 흔들면 내가 만든 진동이 줄을 타고 파도처럼 전달되는 것을 볼 수 있지. 제일 높은 곳이 마루, 제일 낮은 곳이 골이야. 마루와 마루 사이, 골과 골 사이의 거리가 바로 파장이고. 빨리 흔들수록, 즉 진동이 빨라질수록 파장이 짧아지는 걸 볼 수 있지.

❷ 마트에 가면 적외선이 있고

적외선은 우리 생활 곳곳에서 쓰이고 있어. 가까운 마트에 가면 확인해 볼 수 있지.

❶ 대형 마트에 간다.

❷ 적외선과 원적외선을 이용한 각종 살균기, 치료기 등을 찾는다.

❸ 각 제품의 쓰임새, 작동 원리, 사용 방법 등을 꼼꼼히 읽어 본다.

마트에 가서 적외선을 이용한 여러 가지 제품들을 찾아봐. 적외선 칫솔 살균기부터 시작해서 적외선 젖병 소독기, 원적외선 치료기 등 정말 많이 찾을 수 있을 거야. 적외선이 우리 생활 속에서 어떻게 쓰이고 있는지 확실히 알겠지?

IP 주소 25

ㄱ
가시광선 169
계절의 변화 51
(파동의) 골 168

ㄴ
남반구 42, 44, 50
남십자성 53

ㄷ
달의 모양 44, 52
동강 134, 144

ㅁ
(파동의) 마루 168
머리카락의 구조 120, 130
미토콘드리아 DNA 120~122, 129~130
미토콘드리아 DNA 분석 129~130

ㅂ
백드래프트 68~69, 90
백드래프트 징후 86, 90~91
보름달 53
북극성 53
북반구 42, 44, 50

ㅅ
상현달 44, 53
세포의 구조 128

ㅇ
연소 67
연소 조건 67
위도와 경도 51

ㅈ
자외선 169
자전축 50
적도 50
적외선 160, 169~171
적외선 센서 160, 170
적외선 탐지 장치 161, 170

ㅊ
초승달 44, 52

ㅍ
파동 168
파장 168
플렉서블 디스플레이 22, 23

ㅎ
해킹 25
핵 DNA 120~121, 130
화재 67
화재 감식 방법 89~90
화재의 원인 88
훈소 상태 68, 90